Peter Bursch's

Song Buch für Gitarre

Alles auf CD!

2

Gitarren buch 2 Pop, Folk, Rock & Blues

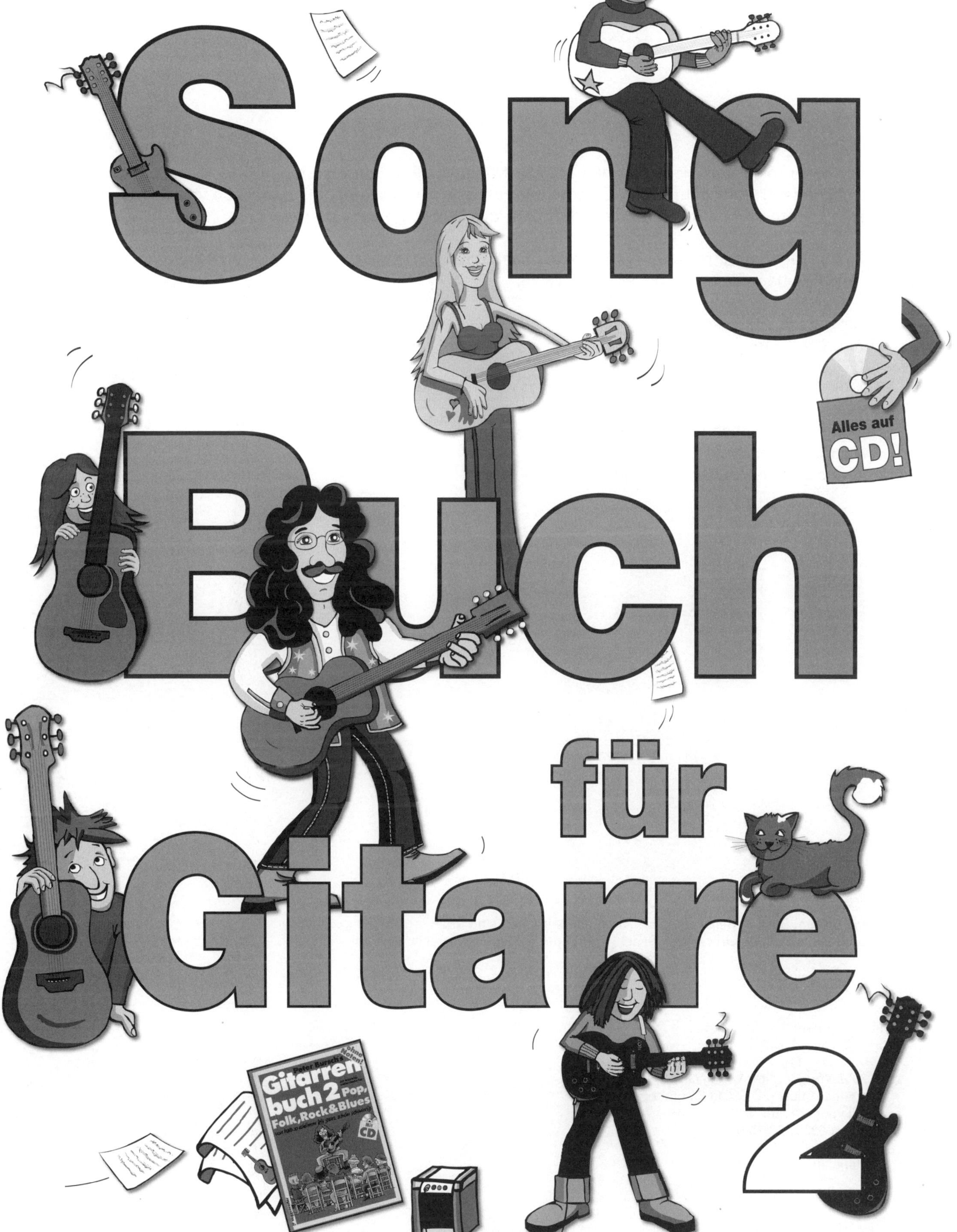

Falls Du beim Abspielen der CD Probleme hast oder die Audio-Daten der CD in einem anderen Format benötigst, kontaktiere uns bitte unter:
verkauf@voggenreiter.de

Ich möchte mich vor allem bei meiner Frau Marita für ihre Unterstützung und Mitarbeit bedanken. Ein besonderer Dank geht auch an die Schüler unserer Musikschule, mit denen ich viele Lieder ausprobieren konnte und natürlich an die Mitarbeiter des Voggenreiter Verlages.

Falls du Fragen oder neue Songvorschläge hast, oder ganz einfach Gitarrenunterricht haben möchtest, dann schreibe mir.

Peter Bursch's Musikschule
Grabenstr. 131a
47057 Duisburg
Tel.: 0203 / 36 24 20

Du kannst mich auch übers Internet erreichen unter:
www.peter-bursch.de
und der E-Mail-Adresse: peter.bursch@t-online.de

Illustrationen: Sita Bowles
Satz & Layout: B & O

© 2002 Voggenreiter Verlag OHG
Wittfelder Stich 1, D-53343 Wachtberg
www.voggenreiter.de
Telefon: 0228.93 575-0

Auflage 2021

ISBN: 978-3-8024-0454-2

Vorwort

Dies ist das zweite Songbuch für alle, die gerne singen und Gitarre spielen. Wenn du direkt und ohne viel Aufwand populäre Lieder begleiten willst, dann bist du hier genau richtig!

Jedes Lied kannst du auf einfachste Art und Weise spielen. Dazu verhelfen dir die ausführlichen Tabulaturen und die Pfeile neben den Griffbildern. Sie zeigen dir genau, welche Saiten du anschlagen sollst.

Um dir noch mehr Spielfreude zu bieten, erkläre ich dir zusätzlich einfache Zupf-, Rock- und Solo-Spieltechniken. Damit machen dir die Lieder noch mehr Spaß.

Alle Songs sind mit Griffen und Spieltechniken in der Originaltonart oder, wenn erforderlich, in einer leichter zu spielenden Tonart aufgeschrieben. Außerdem gebe ich dir Tipps, wie du sogar mit den Originalinterpreten zusammenspielen kannst.

Auf der beiliegenden CD habe ich dir alles so langsam wie möglich aufgenommen, so dass du direkt mitspielen kannst. Dadurch klingt der Gesang manchmal etwas amüsant.

Schlage einfach das Buch auf, starte die CD und lege los!

Dein Peter Bursch

Inhaltsverzeichnis

Anhang

Take it easy

Eagles

Written by Jackson Brown and Glenn Frey
© Published by Jackson Brown Publishers.
Administered by Kobalt Music Publishing Limited

Vorspiel: G / G / C/G / G⁴ᐟ⁹ (2x)

              G
1. Well, I'm a-runnin' down the road, tryin' to loosen my load,
                     D   C
    I've got seven women on my mind.
     G   D
    Four that wanna own me, two that wanna stone me,
     C   G
    One says she's a friend of mine.

            Em   C G
R. Take it easy, take it easy.
              Am   C   Em
    Don't let the sound of your own wheels drive you crazy.
        C   G   C   G
    Lighten up while you still can, don't even try to understand.
          Am   C   G
    Just find a place to make your stand and take it easy.

               G
2. Well, I'm a-standin' on a corner in Winslow, Arizona,
                     D   C
    And such a fine sight to see.
       G   D
    It's a girl, my Lord, in a flat bed Ford,
         C   G
    Slowin' down to take a look at me.

            Em D   C G
R. Come on, baby, don't say maybe.
              Am   C   Em
    I gotta know if your sweet love is gonna save me.
         C   G
    We may lose and we may win,

            C   **G**
though we will never be here again,
       Am   **C**   **G**
So open up, I'm climbin' in, take it easy.

               G
3. Well, I'm a-runnin' down the road, tryin' to loosen my load,
                 D   **C**
Got a world of trouble on my mind.
 G   **D**
Lookin' for a lover who won't blow my cover,
  C   **G**
She's so hard to find.

         Em   **C G**
R. Take it easy, take it easy.
            Am   **C**   **Em**
Don't let the sound of your own wheels drive you crazy.
         C G   **C G**
Come on, baby, don't say maybe.
         Am   **C**   **G**
I gotta know if your sweet love is gonna save me.
C   **G**
Uhuhu, Uhuhu, Uhuhu, Uhuhu (4x)
 C   **G** **C**
Oh, we got it ea - sy,
             G   **C**   **Em**
We ought to take it ea - sy.

Die EAGLES sind eine der erfolgreichsten Bands in der Rockgeschichte (s. a. *Hotel California* im ersten Songbuch für Gitarre). Der Song *Take it easy* ist allerdings eine Idee von dem Singer/Songwriter Jackson Browne. Er bekam ihn aber nicht richtig in den Griff, so dass sein Freund Glen Frey, Gitarrist der Eagles, ihm dabei half. Am Ende war der Song so gut, dass die EAGLES ihn unbedingt auf ihrem nächsten Album veröffentlichen wollten. Er wurde dadurch so populär, dass sogar der Begriff *Take it easy* ein fester Bestandteil der Umgangssprache in vielen Ländern wurde.

Griffe:

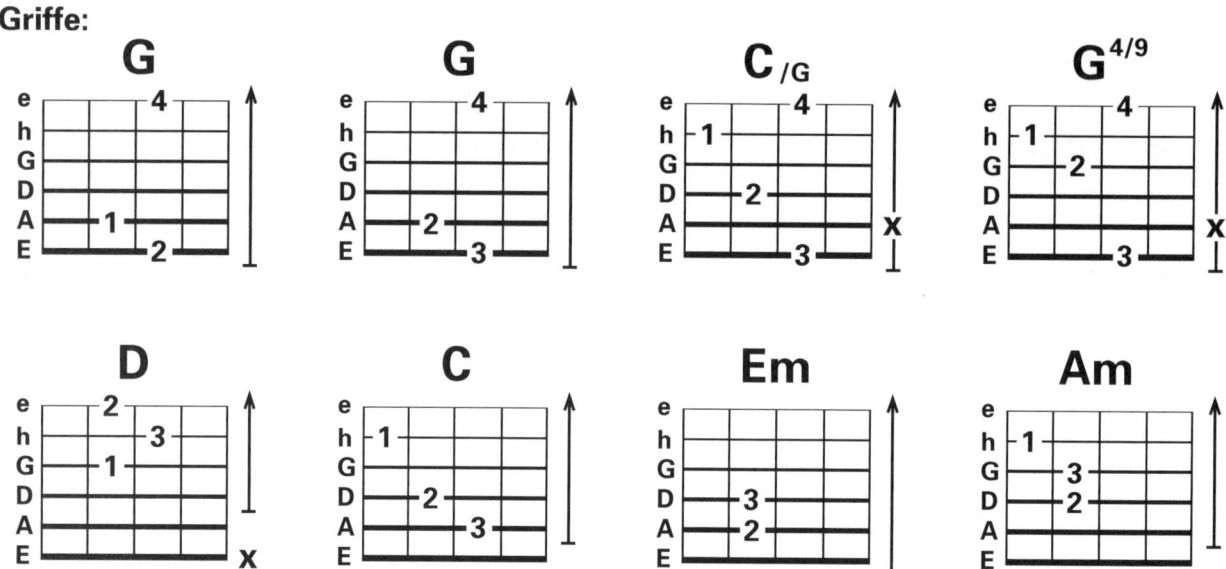

Du kannst hier für den G-Griff zwischen zwei Griffformen wählen. Die zweite Form ist sinnvoller, wenn du z. B. das Vorspiel mitspielen möchtest. Bei den Griffen C/G und G$^{4/9}$ darfst du die A-Saite nicht spielen. Das machst du, indem du mit dem 3. Finger die A-Saite so berührst, dass sie beim Anschlagen nicht klingt.
Wenn du die Griffe gut wechseln kannst, dann versuche damit folgende

Anschlagtechnik
(s. Gitarrenbuch 2 Seite 19)

CD 3

8

Der erste Takt gilt für alle Griffe, die über der Tabulatur stehen. Du schlägst also zu diesen Griffen die angegebenen Saiten an. Im zweiten Takt wechselst du vom G- zum D-Griff. Der dritte Takt gilt für die Griffe C und Am usw.

Ich habe dir diese Anschlagtechnik beim **CD Beispiel 3** so aufgenommen, dass du direkt mitspielen kannst.
Wenn du *Take it easy* gezupft spielen möchtest, dann versuche folgende

Pickingtechnik:
(s. Gitarrenbuch 1, Seite 111 und Zupftechniken, ab Seite 67)

CD 4

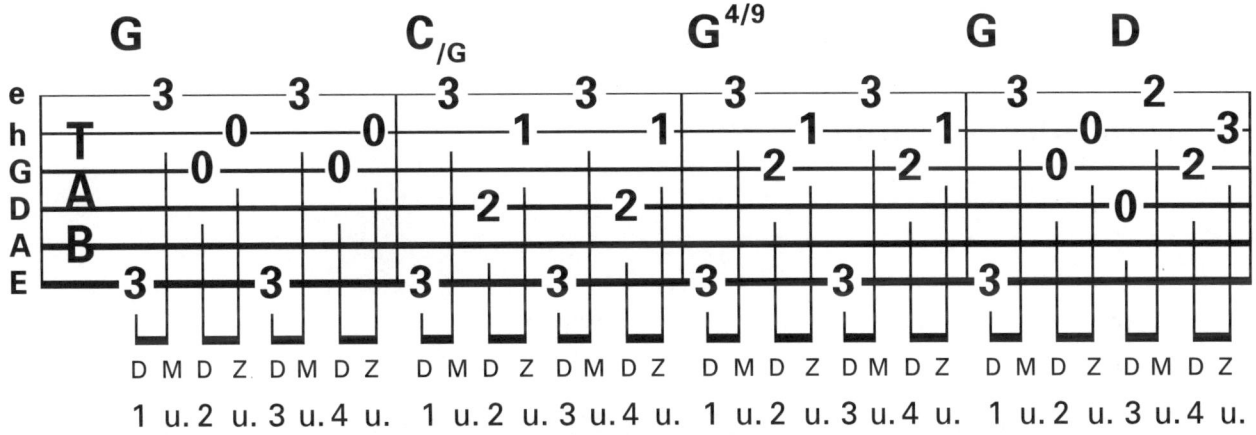

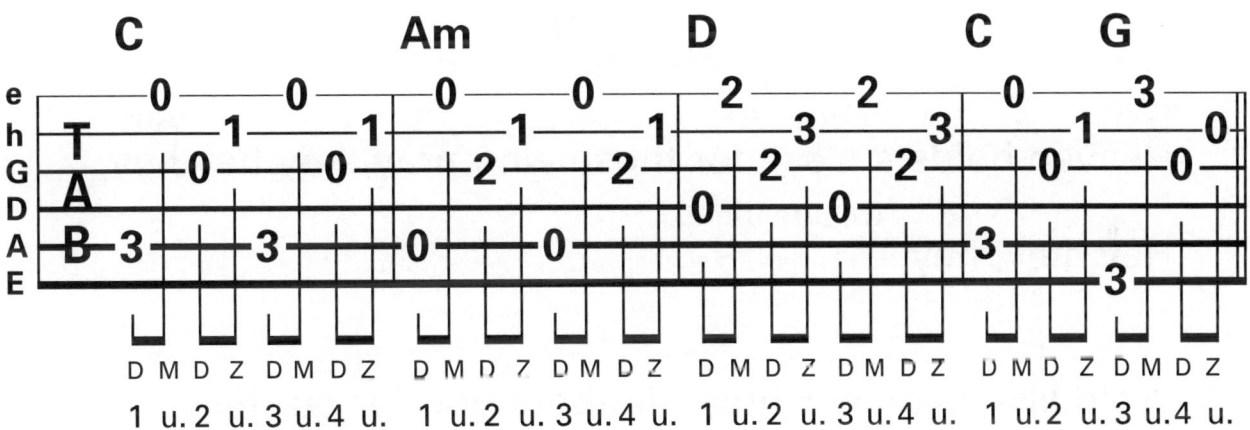

Du greifst den G-Griff und zupfst zuerst mit dem Daumen der linken Hand (D) die dicke E-Saite und danach mit dem Mittelfinger (M) die dünne e-Saite. Dann wechselt der Daumen zur G-Saite und du zupfst mit dem Zeigefinger (Z) die h-Saite usw.
Achte darauf, welche Saiten du bei welchem Griff mit dem Daumen zupfen sollst. Der Rest bleibt immer gleich.
Höre es dir beim **CD-Beispiel 4** genau an. Hier spiele ich dir auch die erste Strophe und den Refrain entsprechend langsam vor.

Anfangston beim Singen: leere D-Saite anspielen.

 Wenn du die Originalaufnahme von den EAGLES oder JACKSON BROWNE hast, dann kannst du sofort mitspielen.
Die spielen *Take it easy* in der gleichen Tonart wie du.

Mrs. Robinson

Words & Music by Paul Simon
© Copyright 1968, 1970 Paul Simon.
All Rights Reserved.
International Copyright Secured.

Vorspiel: **E (Gitarrenriff 4x)**

E⁷
Di-dididi-didi-didi-didi-didi-di,
A⁷
Du-dududu-dudu-dudu-du,
D   **G**   **C**   **(C/H) Am E**   **D**
Didididi-didi-didi-didi-didi-di.

                 G   **Em**
R. And here's to you, Mrs. Robinson,
G   **Em**   **C**   **D**
Jesus loves you more than you will know, wou wou wou.
                 G   **Em**
God bless you, please, Mrs. Robinson,
G   **Em**   **C**   **Am**
Heaven holds a place for those who pray, hey hey hey,
          E   (Gitarrenriff 2x)
Hey, hey, hey.

       E
1. We'd like to know a little bit about you for our files.
       A
We'd like to help you learn to help yourself.
D   **G**   **C**   **(C/H) Am**
Look around you, all you see are sympathetic eyes.
E   **D**
Stroll around the grounds until you feel at home.

                 G   **Em**
R. And here's to you, Mrs. Robinson ...

10

   E
2. Hide it in a hiding place where no one ever goes.

   A
Put it in your pantry with your cupcakes.

D   G   C   (C/H)   Am
It's a little secret just the Robinsons' affair.

E   D
Most of all, you've got to hide it from the kids.

                            G   Em
R. Coo-coo-ca-choo, Mrs. Robinson,

G   Em   C   D
Jesus loves you more than you will know, wou wou wou.

                            G   Em
God bless you, please, Mrs. Robinson,

G   Em   C   Am
Heaven holds a place for those who pray, hey hey hey,

                    E   (Gitarrenriff 2x)
Hey, hey, hey.

   E
3. Sitting on a sofa on a Sunday afternoon.

   A
Going to the candidates' debate.

D   G   C   (C/H)   Am
Laugh about it, shout about it, when you've got to choose.

E   D
Every way you look at it, you lose.

                            G   Em
R. Where have you gone, Joe DiMaggio?

      G   Em   C   D
A nation turns its lonely eyes to you, wuh wuh wuh.

                         G   Em
What's that you say, Mrs. Robinson?

      G   Em   C   Am
"Joltin' Joe has left and gone away", hey hey hey,

                    E   (Gitarrenriff 4x)
Hey hey hey.

PAUL SIMON schrieb den Song *Mrs. Robinson* für den Kultfilm „Die Reifeprüfung".
Der Produzent Mike Nichols, der einen Oscar für die Regiearbeit bekam, wollte ein
paar Songs von SIMON & GARFUNKEL benutzen und fragte Paul, ob er noch einen
zusätzlichen Song schreiben könnte, passend zur der im Film dekadent dargestellten
Mrs. Robinson. Der Film handelt satirisch u. a. von der verkalkten Moral bestimm-
ter älterer Generationen. Danach bekam der damals noch unbekannte Schauspieler
Dustin Hoffman tausende von Heiratsangeboten. Er spielte den jungen linkischen
Benjamin Braddock, der dem „unmoralischen" Angebot von Mrs. Robinson nicht
widerstehen konnte. Der Song *Mrs. Robinson* wurde ein Evergreen und einer der
bekanntesten Hits von SIMON & GARFUNKEL.

Griffe:

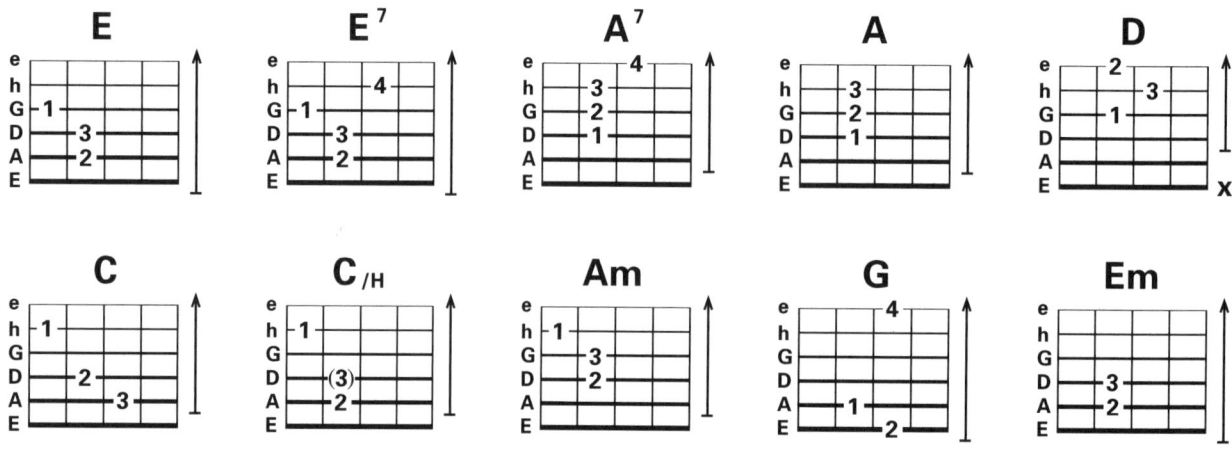

Diese Griffe sind für dich nicht schwer zu greifen. Versuche auch den C/H-Griff. Du
kannst ihn aber auch weglassen. Deswegen habe ich ihn eingeklammert.
PAUL SIMON fängt bei seinen Live-Konzerten direkt mit der 1. Strophe an. Wenn du
es genau so machen willst, dann lasse das Vorspiel und den ersten Refrain einfach
weg.
Spiele *Mrs. Robinson* mit folgender Anschlagtechnik.

CD 5

Anschlagtechnik:

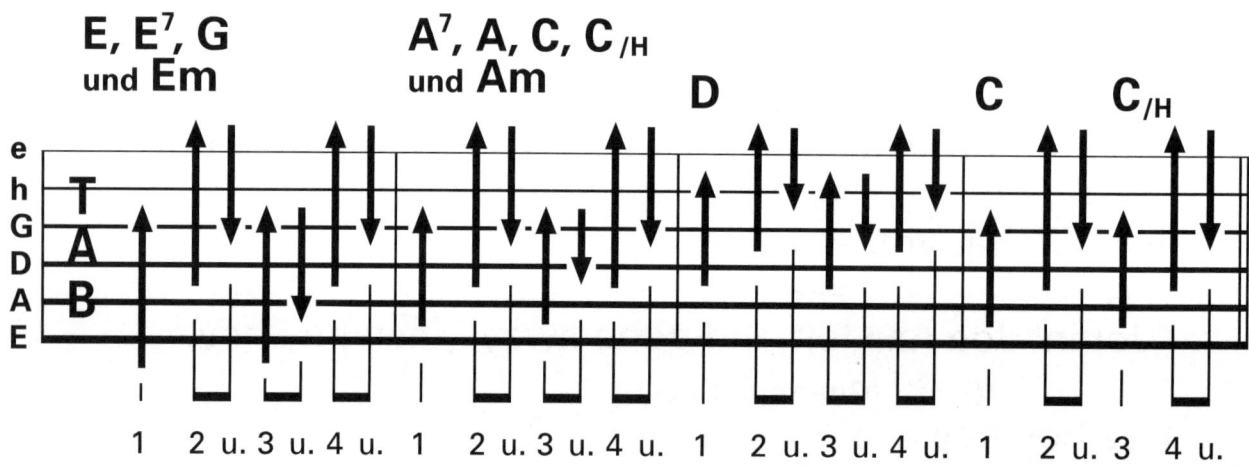

Über der Tabulatur stehen die Griffe, die du mit der jeweiligen Anschlagtechnik spielen sollst. Achte auf die Pfeile. Die zeigen dir genau, welche Saiten du anschlagen sollst. Den letzten Takt übst du nur, wenn du den C/H-Griff spielen willst.

Höre dir dazu das **CD-Beispiel 5** genau an. Hier spiele ich dir diese Anschlagtechnik mit dem Vorspiel, der 1. Strophe und dem Refrain schön langsam vor.

Anfangston beim Singen: leere D-Saite spielen.

Wenn du das gut spielen kannst, dann versuche die tolle Gitarrenmelodie von Paul Simon. Man sagt auch Gitarrenriff dazu, wenn es eine markante kurze Melodie ist, die sich in einem Song mehrmals wiederholt.

Gitarrenriff:

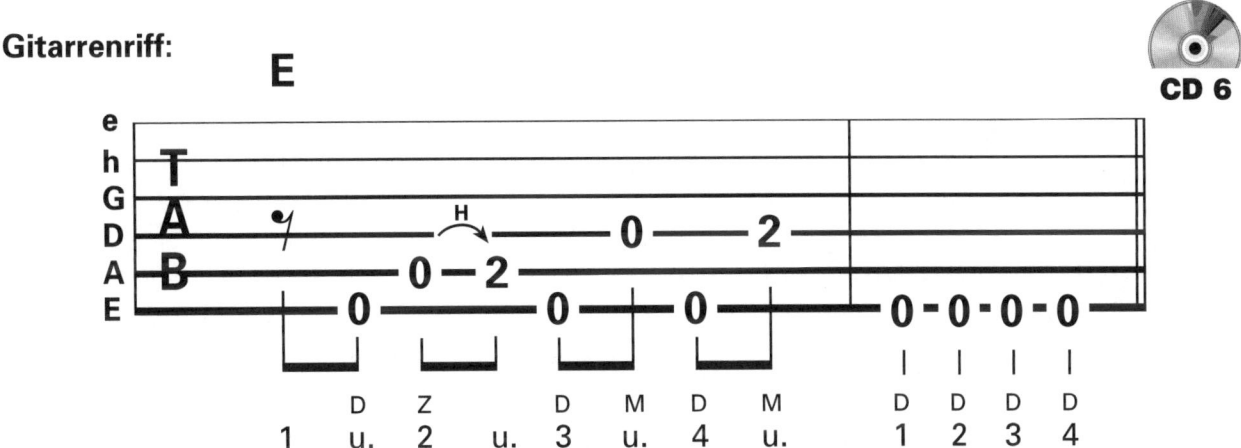

Du startest erst beim Taktteil 1u. Das Zeichen (𝄾) am Anfang bedeutet eine Achtel-Pause. Du spielst also bei 1u. mit dem Daumen (D) der rechten Hand die leere E-Saite an. Dann zupfst du mit dem Zeigefinger (Z) der rechten Hand die leere A-Saite und hämmerst mit dem Zeigefinger der linken Hand in den 2. Bund. Dieser gehämmerte Ton klingt so laut, so dass du die A-Saite nicht noch mal anschlagen musst. Danach spielst du wieder mit dem Daumen die dicke E-Saite an und mit dem Mittelfinger (M) der rechten Hand die leere D-Saite usw. Achte auf den Anfang! Du darfst nicht direkt loslegen, sondern erst bei der Zählzeit 1u.

Ich spiele es dir beim **CD-Beispiel 6** extrem langsam vor, so dass du direkt mitspielen kannst. Diesen Gitarrenriff spielst du am Anfang vor dem Di-dididi ... und am Ende von jedem Refrain. Fange damit langsam an und werde, wenn du es auswendig spielen kannst, immer schneller.

SIMON & GARFUNKEL spielen *Mrs. Robinson* einen Ton höher. Wenn du die Originalaufnahme hast, dann befestige deinen Kapodaster im 2. Bund und du kannst sofort mitspielen. Bei den Live-Konzerten, z. B. MTV-Unplugged, befestigt PAUL SIMON seinen Kapodaster im 1. Bund, also einen halben Ton tiefer. Dabei muss er seine Stimme nicht so beanspruchen und kann etwas tiefer und entspannter singen. Übrigens, ich singe *Mrs. Robinson* auf der beiliegenden CD eine Oktave tiefer!

99 Luftballons

Nena

Musik & Text: Jörn-Uwe Fahrenkrog-
Petersen, Carlo Karges
© Edition Hate.
Mit freundlicher Genehmigung der EMI
Music Publishing Germany GmbH

     D   **Em**
1. Hast du etwas Zeit für mich,

        G   **A**
Dann singe ich ein Lied für dich.

        D   **Em**
Von neunundneunzig Luftballons,

        G   **A**
Auf ihrem Weg zum Horizont.

        D   **Em**
Denkst du vielleicht grad an mich,

 G   **A**
Singe ich ein Lied für dich.

        D   **Em**
Von neunundneunzig Luftballons,

        G   **A**
Und dass so was von so was kommt.

     D   **Em**
2. Neunundneunzig Luftballons,

        G   **A**
Auf ihrem Weg zum Horizont.

        D   **Em**
Hielt man für Ufos aus dem All,

        G   **A**
Darum schickte ein General.

        D   **Em**
'Ne Fliegerstaffel hinterher,

      G   **A**
Alarm zu geben, wenn's so wär.

        D   **Em**
Dabei war'n dort am Horizont,

        G   **A**
Nur neunundneunzig Luftballons.

    D   **Em**

3. Neunundneunzig Düsenflieger,

  G   **A**

Jeder war ein großer Krieger.

    D   **Em**

Hielten sich für Captain Kirk,

     G   **A**

Das gab ein großes Feuerwerk.

     D   **Em**

Die Nachbarn haben nichts gerafft,

    G   **A**

Und fühlten sich gleich angemacht.

     D   **Em**

Dabei schoß man am Horizont,

     G   **A**

Auf neunundneunzig Luftballons.

     D   **Em**

4. Neunundneunzig Kriegsminister,

  G   **A**

Streichholz und Benzinkanister.

  D   **Em**

Hielten sich für schlaue Leute,

G   **A**

Witterten schon fette Beute.

  D   **Em**

Riefen Krieg und wollten Macht,

G   **A**

Mann, wer hätte das gedacht.

D   **Em**

Daß es einmal so weit kommt,

     G   **A**   **D / Em /**

Wegen neunundneunzig Luftballons.

     G   **A**   **D / Em /**

Wegen neunundneunzig Luftballons.

G   **A**

Neunundneunzig Luftballons.

D   **Em**

5. Neunundneunzig Jahre Krieg,

G   **A**

Ließen keinen Platz für Sieger.

D   **Em**

Kriegsminister gibt's nicht mehr,

G   **A**

Und auch keine Düsenflieger.

D   **Em**

Heute zieh' ich meine Runden,

G   **A**

Seh' die Welt in Trümmern liegen.

D   **Em**

Hab 'nen Luftballon gefunden,

G   **A**$^{(6/9)}$

Denk an dich und laß ihn fliegen.

99 Luftballons war der populärste Hit der NDW, der Neuen Deutschen Welle. Der sogenannte „Kalte Krieg" war in den 80er Jahren ein heißes Thema. So passte der Song genau in die Zeit. Dazu kam der erfrischende Charme der Sängerin NENA. So landete dieser Song, sogar in der deutschen Fassung, in den USA auf Platz 2 der Hit-parade.

Griffe:

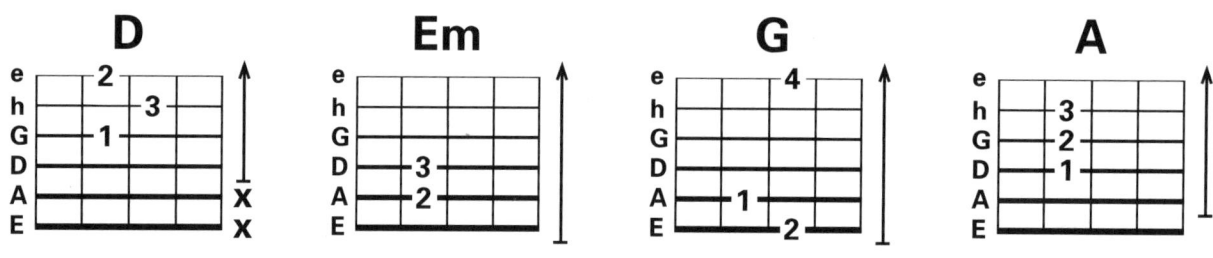

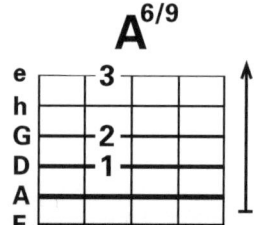

Den letzten Griff spielst du nur ganz am Schluss. Das lässt die Melodie etwas „offen" ausklingen. Aber auch hier kannst du den normalen A-Griff spielen. Entscheide selbst.

Anschlagtechnik:
(s. Gitarrenbuch 2, Seite 19)

CD 7

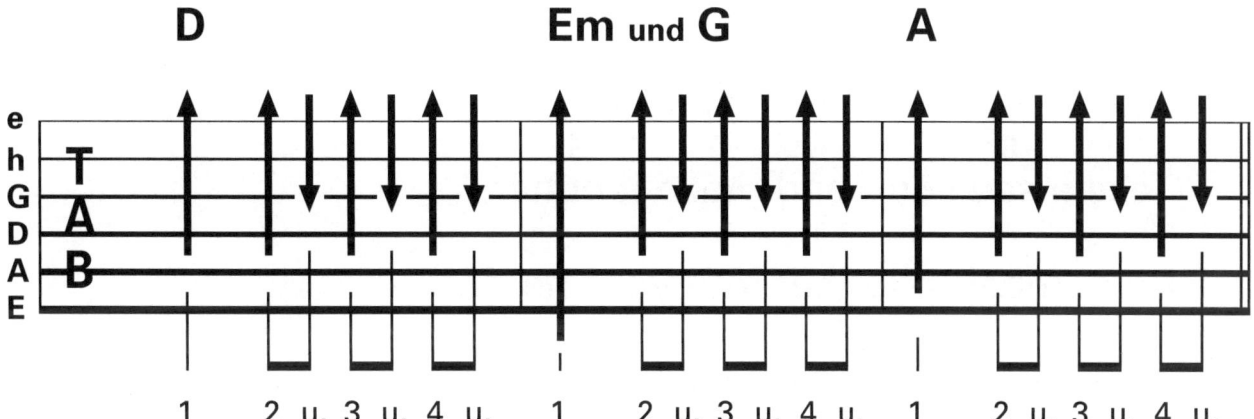

Nur der erste Anschlag ist ein Viertelanschlag (I). Alle anderen Anschläge sind Achtelanschläge (⊔). Das heißt, du spielst alle Anschläge bei den Taktteilen 2 u. 3 u. und 4. u. doppelt so schnell wie den ersten Anschlag. Bei G schlägst du die gleichen Saiten an wie bei Em.

Höre dir diese Spieltechnik beim **CD-Beispiel 7** genau an. Hier spiele ich dir auch die erste Strophe vor.

Anfangston beim Singen: D-Saite im 2. Bund greifen (Ton E)

Spiele die erste und letzte Strophe etwas langsamer als die anderen Strophen. Dabei kannst du jeden Griff nur einmal anschlagen und ausklingen lassen. Entscheide selbst, ob dir das so gefällt.

 NENA singt *99 Luftballons* in E. Befestige deinen Kapodaster im 2. Bund und dann kannst du sofort zur Originalaufnahme mitspielen.

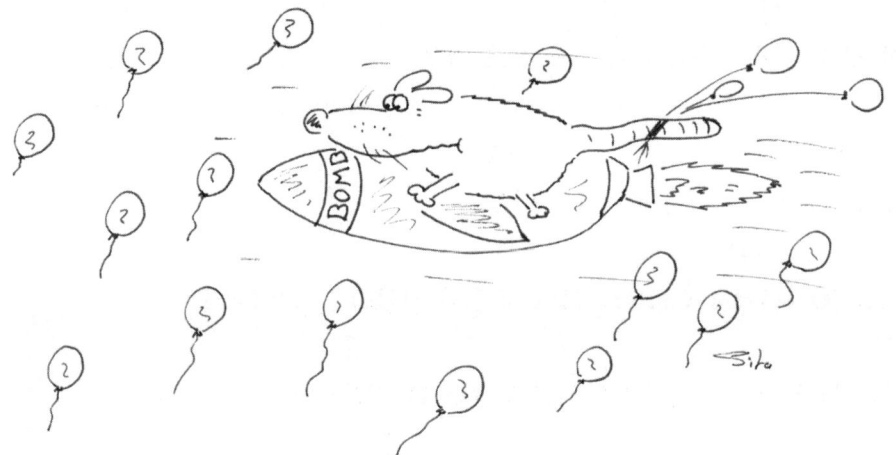

Hey Jude

Words & Music by John Lennon & Paul McCartney
© 1968 Sony/ATV Music Publishing. All Rights Reserved.
International Copyright Secured.
Used by permission of Music Sales Limited.

        G   **D**
1. Hey Jude, don't make it bad,
             D⁷   **G**
Take a sad song and make it better.
        C   **G**
Remember to let her into your heart,
              D⁷   **G**
Then you can start to make it better.

        G   **D**
2. Hey Jude, don't be afraid,
             D⁷   **G**
You were made to go out and get her.
        C   **G**
The minute you let her under your skin,
              D⁷   **G**
Then you begin to make it better.

 G⁷   **C**   **C/H**   **Am**
R: And any time you feel the pain, hey Jude, refrain,
        Am/G   **D⁷**   **G**
Don't carry the world upon your shoulders.
 G⁷   **C**   **C/H**   **Am**
For well you know that it's a fool, who plays it cool,
        Am/G   **D⁷**   **G**
By making his world a little colder.
                G⁷   **D⁷**
Da da da, da, da, da da da da.

        G   **D**
3. Hey Jude, don't let me down,
             D⁷   **G**
You have found her, now go and get her.
        C   **G**
Remember to let her into your heart,
              D⁷   **G**
Then you can start to make it better.

18

  G⁷   **C**   **C**_{/H}   **Am**

G⁷   **C**   **C**/H   **Am**

R: So, let it out and let it in, hey Jude, begin,

     Am/G   **D⁷**   **G**

You're waiting for someone to perform with.

 G⁷   **C**   **C**/H   **Am**

And don't you know that it's just you, hey Jude, you'll do,

     Am/G   **D⁷**   **G**

The movement you need is on your shoulder.

           G⁷   **D⁷**

Da da da, da, da, da da da da.

              G   **D**

4. Hey Jude, don't make it bad,

         D⁷   **G**

Take a sad song and make it better.

      C   **G**

Remember you let her under your skin,

         D⁷   **G**

Then you'll begin to make it better.

Better, better, better, better, better, oh

G   **F**   **C**   **G**

Na, na, na, na na na na, na na na na, hey Jude.

G   **F**   **C**   **G**

Na, na, na, na na na na, na na na na, hey Jude ...

Hey Jude ist eine der schönsten Balladen der BEATLES. Paul McCartney hatte die Melodie und Textidee im Kopf, als er Julian, den Sohn von John Lennon, besuchen wollte. John trennte sich gerade von seiner Frau und der fünfjährige Julian litt sehr darunter. Paul wollte ihn damit aufmuntern und ihm sagen, dass er sich nicht unterkriegen lassen sollte.

Griffe:

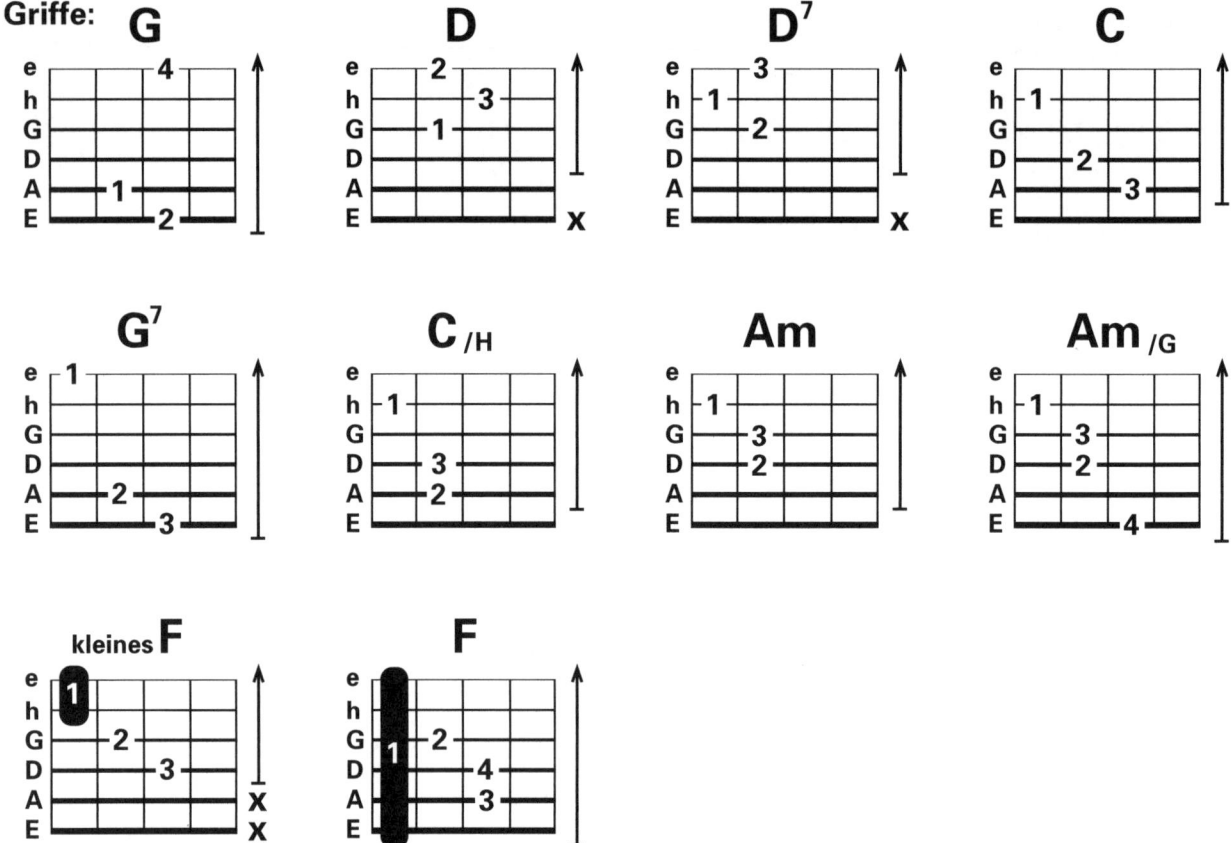

Wenn du *Hey Jude* so einfach wie möglich spielen möchtest, dann greife für D^7 und G^7 den normalen D- und G-Griff. Außerdem kannst du die Griffe $C_{/H}$ und $Am_{/G}$ einfach weglassen und dafür den normalen C- und Am-Griff spielen. Auch hier kannst du wieder zwischen dem kleinen und großen F-Griff wählen.

Wenn du alle Griffe gut wechseln kannst, dann versuche folgende

Anschlagtechnik:
(s. Gitarrenbuch Seite 50)

CD 8

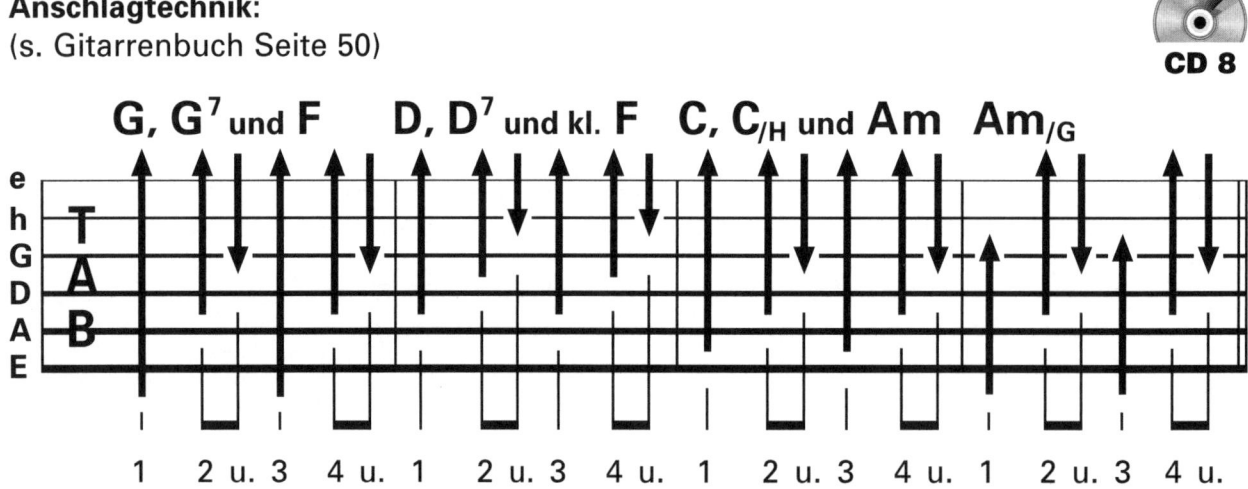

Du greifst den G-Griff und schlägst einmal alle Saiten von oben nach unten hin an. Danach schlägst du, wieder von oben, nur die untersten vier Saiten an. Nun machst du das umgekehrt und schlägst die Saiten von unten nach oben an. Allerdings nur die untersten drei Saiten usw.

20

Rhythmisch werden die Anschläge bei 2 u. und 4 u. (Achtelanschläge) doppelt so schnell gespielt wie die Anschläge bei 1 und 2 (Viertelanschläge). Das Gleiche gilt auch für den G^7- und F-Griff.

Achte also auf die richtigen Saiten die du bei jedem Griff anschlagen sollst (s. Pfeillänge). Über jedem Takt in der Tabulatur stehen die Griffe, die du mit der jeweiligen Anschlagtechnik spielen sollst.

Höre dir diese Anschlagtechnik beim **CD-Beispiel 8** genau an.

Wenn du *Hey Jude* mit einer Zupftechnik spielen möchtest, dann versuche Folgendes:

Zupftechnik:
(s. Gitarrenbuch 2, Seite 47 und Zupftechniken, ab Seite 61)

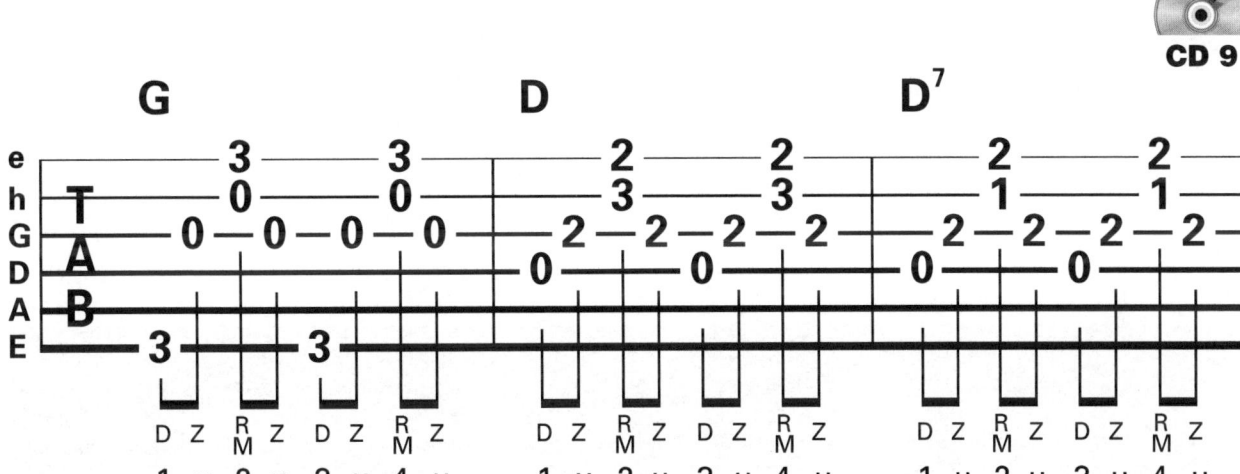

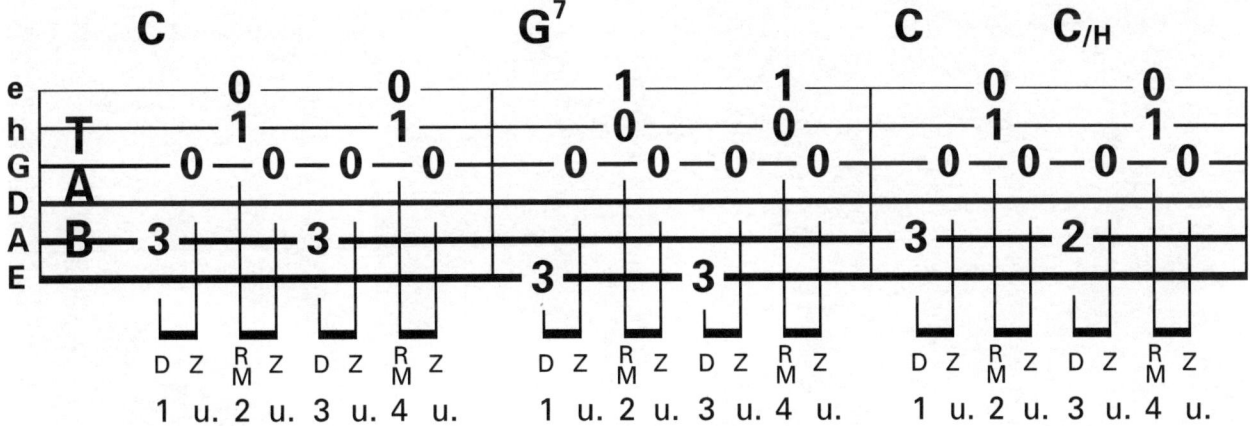

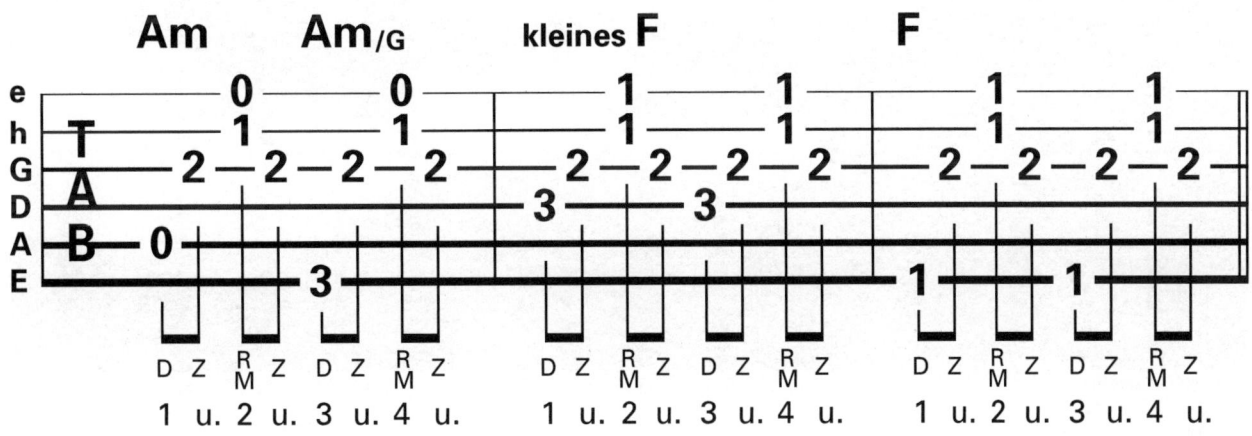

Du zupfst bei jedem Griff zuerst mit dem Daumen (D) die entsprechende Bass-Saite. Dann zupfst du mit dem Zeigefinger (Z) die G-Saite, mit dem Mittel- (M) und Ringfinger (R) zusammen die h- und dünne e-Saite und zum Schluss wieder, mit dem Zeigefinger, die G-Saite. Das wiederholst du bei jedem Griff. Rhythmisch spielst du alles gleichmäßig hintereinander.

Ich habe dir diese Zupftechnik beim **CD-Beispiel 9** schön langsam aufgenommen. Hier singe ich dir auch die erste Strophe und den Refrain vor.

Anfangston beim Singen: leere D-Saite anspielen.

 Wenn du zur Originalaufnahme der BEATLES mitspielen willst, dann musst du dir die Griffe umschreiben. Die BEATLES spielen *Hey Jude* in F. Aus jedem G wird jetzt ein F, aus jedem D ein C usw. Du kannst dir alle Griffe mit Hilfe der Kapodastertabelle am Ende des Buches umschreiben.

Paul McCartney

Photo: PhotoStation/Heeg

Hey, Baby

Text & Musik: Margret Cobb, Bruce Channel
© 1962 by Le Bill Music Inc., USA.
Für Deutschland und Österreich:
Masterphon Musikverlag GmbH,
Bergisch Gladbach

```
        G Em C  D        G     Em   C
R.  Hey -  -  he-ey, baby, uh, ah,
        D           G          Em          C
    I wanna know, ho-ho-ho, ho-ho,
              D      G   Em C D
    If you be my girl.


        G Em C  D        G     Em   C
R.  Hey -  -  he-ey, baby, uh, ah,
        D           G          Em          C
    I wanna know, ho-ho-ho, ho-ho,
              D      G   C G
    If you be my girl.


    C
1.  When I saw you walking down the street,
    G
    I said that's the kind of girl I'd like to meet.
        C
    She's so pretty, looks just fine,
    D
    I'm gonna make her mine, oh mine.


        G Em C  D        G     Em   C
R.  Hey -  -  he-ey, baby, uh, ah,
        D           G          Em          C
    I wanna know, ho-ho-ho, ho-ho,
              D      G   C G
    If you be my girl.
```

    C
2. When you turn and walk away,
    G
   That's when I want to say.
   C
   Come on, baby, give me a whirl,
   D
   I wanna know if you'll be my girl.

    G Em C D   G   Em C
R. Hey - - he-ey, baby, uh, ah,
    D   G   Em   C
   I wanna know, ho-ho-ho, ho-ho,
            D   G   C G
   If you be my girl.

DJ ÖTZI ist einer der größten Partymacher der Popszene. Er heißt eigentlich Gerry Friedle und kommt aus St. Johann in Tirol. Vor zehn Jahren war er noch ganz unten, als er sich als Stadtstreicher täglich ein paar Schillinge zusammen schnorrte. Die Oma holte ihn von der Straße und verschaffte ihm eine Lehre als Koch. Seine Karriere als Entertainer nimmt erst ihren Anfang, als er nach einer Karaoke-Veranstaltung von einer Agentur als Stimmungskanone angeheuert wird. Mit dem Song „Anton aus Tirol" hatte er den ersten größeren Erfolg. Danach landete er einen Hit nach dem anderen. Sein Album „Love, Peace & Vollgas" erreichte Gold- und Platinstatus und die Single-Auskopplung *Hey Baby*, eine Coverversion eines populären Titels aus den 60er Jahren, wurde in vielen Ländern die Nr. 1 der Hitparade.

Griffe:

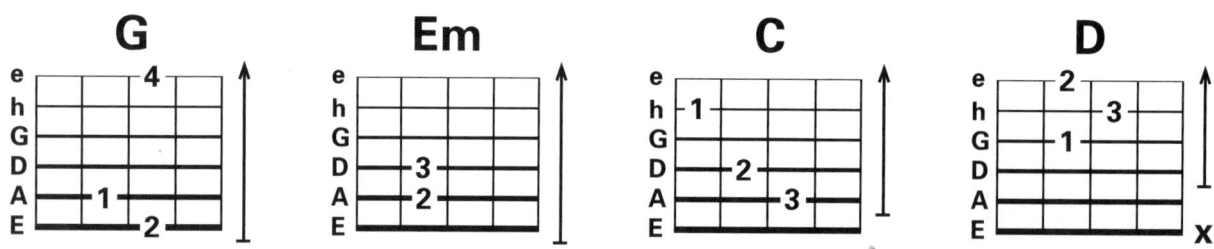

Diese Grifffolge ist sehr populär. Bei *Hey Baby* kannst du diese Griffwechsel sehr gut üben. Spiele damit folgende Anschlagtechnik.

Anschlagtechnik:
(s. Gitarrenbuch 1, Seite 38)

CD 10

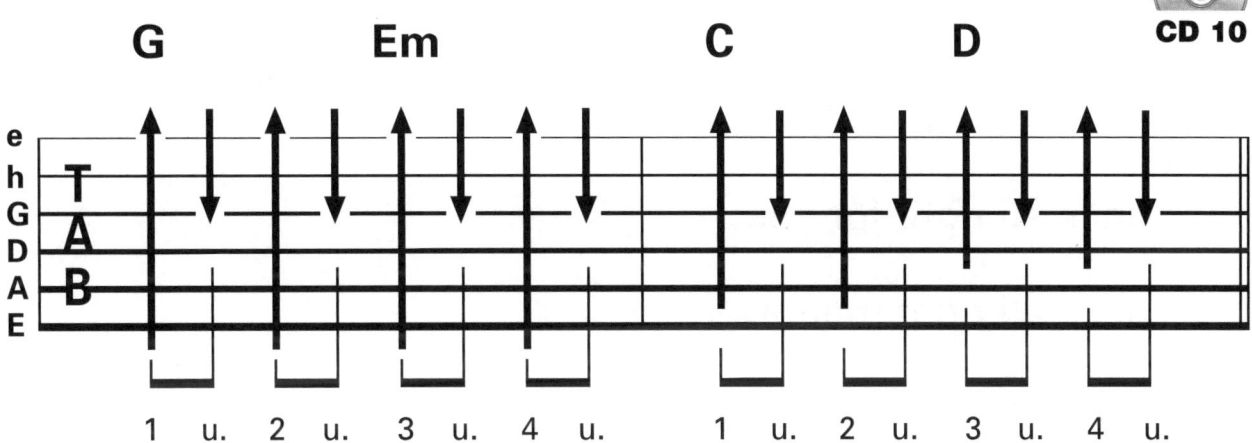

Du musst hier innerhalb eines Taktes die Griffe wechseln. Fange damit rhythmisch sehr langsam an und werde von Mal zu Mal schneller. So lernst du dabei auch schneller und sicherer die Griffe greifen. Ich habe dir diese Anschlagtechnik beim **CD Beispiel 10** in verschiedenen Geschwindigkeiten aufgenommen.

Wenn das gut klappt dann versuche folgende erweiterte

Anschlagtechnik:
(s. Gitarrenbuch 2 Seite 13)

CD 11

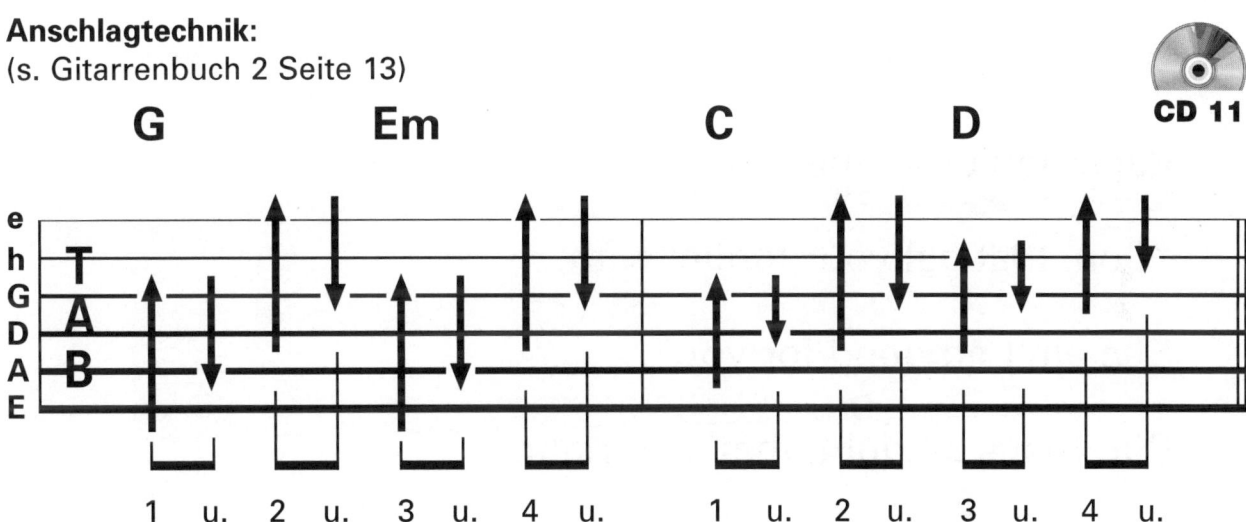

Hier schlägst du am Anfang nur die Bass-Saiten von oben und von unten aus an. Dann erst die dünnen Saiten usw. Achte also darauf, dass du zu jedem Griff die richtigen Saiten anschlägst. Erst dann klingt diese Spieltechnik richtig gut. Fange wieder langsam an, bis du alles gut spielen kannst. Dann probiere es mal schneller.
Höre es dir beim **CD-Beispiel 11** genau an. Hier spiele ich dir auch den Refrain und die erste Strophe entsprechend langsam vor.

Anfangston beim Singen: leere D-Saite anschlagen.

 DJ ÖTZI spielt *Hey Baby* in B. Befestige deinen Kapodaster im 3. Bund und du kannst sofort zur Originalaufnahme mitspielen.

That's all right

Elvis Presley

Words and Music by Arthur Crudup
© 1974 (renewed) Crudup Music administered by
Unichappell Music Inc, USA. Warner/
Chappell North America Ltd, London W6 8BS.
Reproduced by permission of Faber Music Ltd.
All Rights Reserved

    A

1.   Well, that's all right, mama,

That's all right for you.

That's all right mama,

Just anyway you do.
            D⁷

Well, that's all right, that's all right.
        E   **A**

That's all right now mama, anyway you do.

       A

2.   Well, Mama she don't told me,

Papa don't told me too.

"Son, that gal your foolin' with,

She ain't no good for you".
            D⁷

But, that's all right, that's all right.
        E   **A**

That's all right now mama, anyway you do.

Solo: Begleitung wie Strophe (s. Tabulaturerklärung)

26

3.

A
I'm leaving town, baby

I'm leaving town for sure.

Well, then you won't be bothered with me,

Hanging 'round your door.

D⁷
Well, that's all right, that's all right.

E   **A**
That's all right now mama, anyway you do.

Der Song *That's all right* ist ursprünglich ein Blues von Arthur Crudup aus dem Jahr 1947. Als ELVIS PRESLEY diesen Song 1954 coverte, wurde er zu einem seiner ersten Hits. Zusammen mit seinen Mitmusikern entwickelte Elvis in den 50er Jahren einen Musikstil, der jeden Zuhörer „vom Stuhl riss". Es war eine Mischung aus Country, Blues, Gospel und Rock'n'Roll. Dazu kam noch seine außergewöhnliche Bühnen-show, mit zuckenden Hüften und lässigem Lächeln aus dem linken Mundwinkel. So etwas hatte das Publikum bis dahin noch nicht gesehen. Er verkaufte über 500 Millio-nen Platten und übertraf damit jeden anderen Sänger. Nach Drogenproblemen und darauf folgender Orientierungslosigkeit starb er viel zu früh mit 42 Jahren. Am 16. August 1977 fand man ihn tot im Badezimmer seiner Villa „Graceland" in Memphis, Tennessee.

Griffe: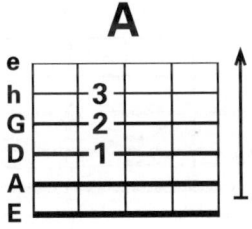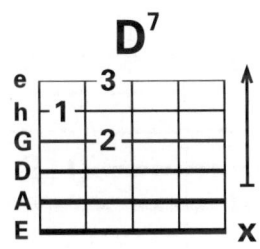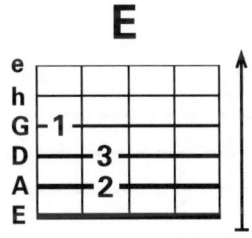

Bassbegleitung:

CD 12

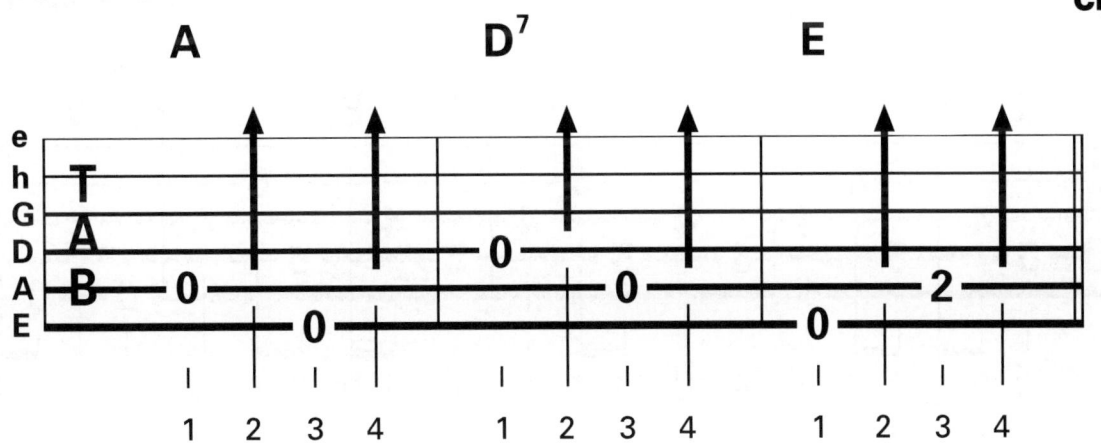

Du spielst hier die Wechsel-Basstechnik. Dabei schlägst du bei jedem Griff zwei unterschiedliche Bass-Saiten an. Zwischen den Bass-Saiten spielst du die unteren vier, bzw. drei Saiten abwechselnd an. Das ist nicht schwer.
Übe zuerst jeden einzelnen Takt. Wenn das gut klappt, dann versuche dabei die Griffe zu wechseln.

Ich habe dir diese Spieltechnik beim **CD-Beispiel 12** so langsam aufgenommen, dass du direkt mitspielen kannst. Hier singe ich dir auch die erste Strophe vor.

Anfangston beim Singen: D-Saite im 2. Bund greifen (Ton E).

Jetzt zeige ich dir noch das Solo:

CD 13

Solo:

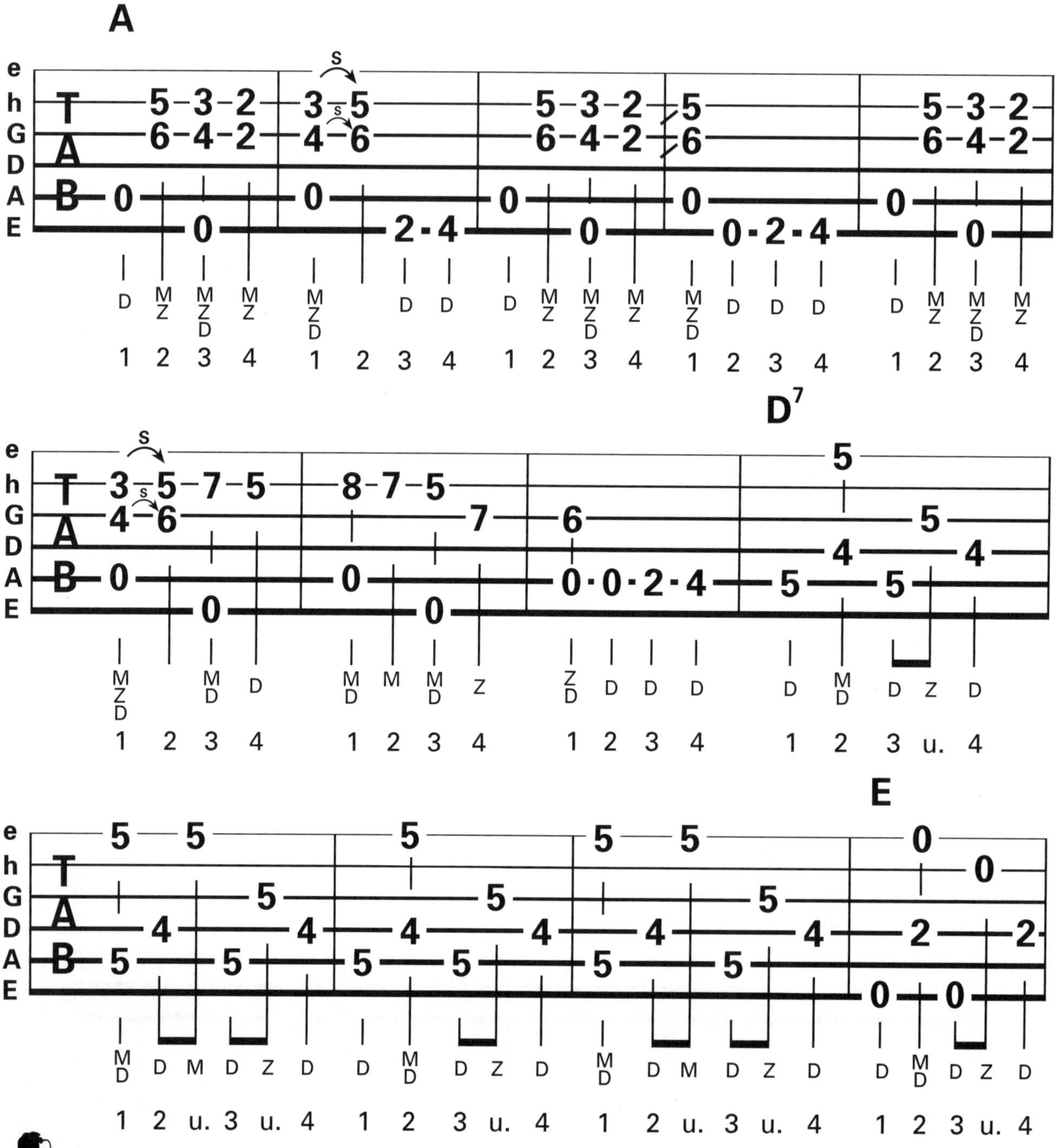

28

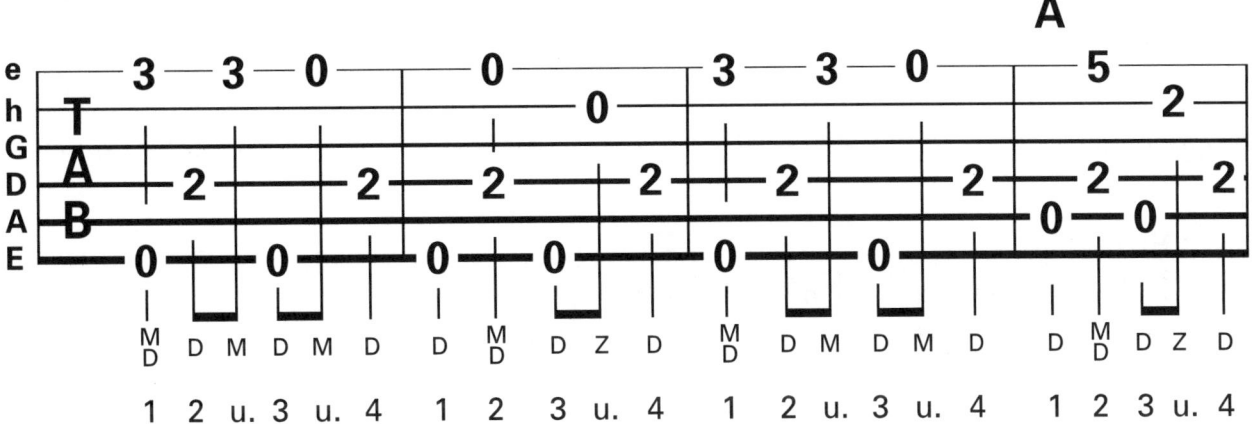

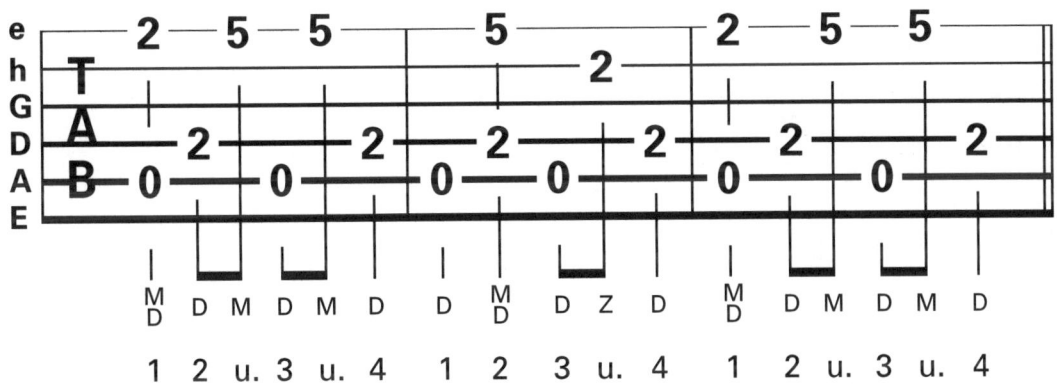

Dieses Solo ist eine Mischung aus Rock'n'Roll-, Country- und Blues-Spieltechniken.
Du zupfst zuerst die leere A-Saite und greifst dann mit dem Zeige- und Mittelfinger
die h- und G-Saite im 5. und 6. Bund. Diese zupfst du gleichzeitig mit dem Mittel- (M)
und Zeigefinger (Z) der rechten Hand usw.
Achte auf die „Rutscher" (s = slides) in den 5. und 6. Bund der h- und G-Saite.
Beim D⁷-Griff greifst du in Wirklichkeit den H⁷-Griff, nur drei Bünde höher, im
4. Bund.
Beim E-Griff greifst du zusätzlich die dünne e-Saite, mit dem kleinen Finger der linken
Hand, im 3. Bund.
Beim letzten A-Griff greifst du die untersten vier Saiten barré im 2. Bund. Das machst
du mit dem Zeigefinger der linken Hand. Zusätzlich greifst du die dünne e-Saite mit
dem kleinen Finger im 5. Bund.

Du kannst dir das ganze Solo beim **CD-Beispiel 13** genau anhören. Hier spiele ich es
dir schön langsam vor.

 ELVIS spielt *That's all right* in der gleichen Tonart. Wenn du die Originalauf-
nahme hast, dann kannst du sofort mitspielen.

Behind blue eyes

Limp Bizkit, The Who

Text & Musik: Pete Townshend
© Fabulous Music Ltd.
Rechte für Deutschland, Österreich, Schweiz,
Griechenland, Türkei und Osteuropa:
ESSEX MUSIKVERTRIEB GMBH, Hamburg

Vorspiel: Em / G^6 / D^9 / D^9 / C^9 / C^9 / A^9

      Em   G^6

1. No one knows what it's like

                 D^9 C^9

To be the bad man, to be the sad man,

       A^9

Behind blue eyes.

          Em   G^6

And no one knows what it's like

            D^9 C^9

To be hated, to be faded

          A^9

To telling only lies.

                  C^9 D   G

R. But my dreams they aren't as empty,

             C^9 D   E E^4 E E^4

As my conscious seems to be.

           Hm   C^9

I have hours, only lonely,

                D   A^9 A^9

My love is vengeance, that's never free.

      Em   G^6

2. No one knows what its like,

               D^9 C^9

To feel these feelings, like I do,

          A^9

And I blame you!

     Em   G^6

No one bites back as hard,

              D^9 C^9

On their anger, none of my pain woe,

          A^9

Can show through.

30

           C⁹   **D**   **G**

R. But my dreams they aren't as empty,

           C⁹   **D**   **E E⁴ E E⁴**

  As my conscious seems to be.

             Hm   **C⁹**

  I have hours, only lonely,

                D   **A⁹** **A⁹**

  My love is vengeance, that's never free.

B. Discover L.I.M.P. say it   (4x)   (Griffe wie Strophe)

    Em   **G⁶**

3. No one knows what it's like,

            D⁹   **C⁹**

  To be mistreated, to be defeated,

      A⁹

  Behind blue eyes.

  Em   **G⁶**

  No one knows how to say,

            D⁹   **C⁹**

  That they're sorry, and don't worry,

      A⁹

  I'm not telling lies.

           C⁹   **D**   **G**

R. But my dreams they aren't as empty,

           C⁹   **D**   **E E⁴ E E⁴**

  As my conscious seems to be.

             Hm   **C⁹**

  I have hours, only lonely,

                D   **A⁹** **A⁹**

  My love is vengeance, that's never free.

  Em   **G⁶**

4. No one knows what it's like

           D⁹   **C⁹**

  To be the bad man, to be the sad man,

      A⁹

  Behind blue eyes.

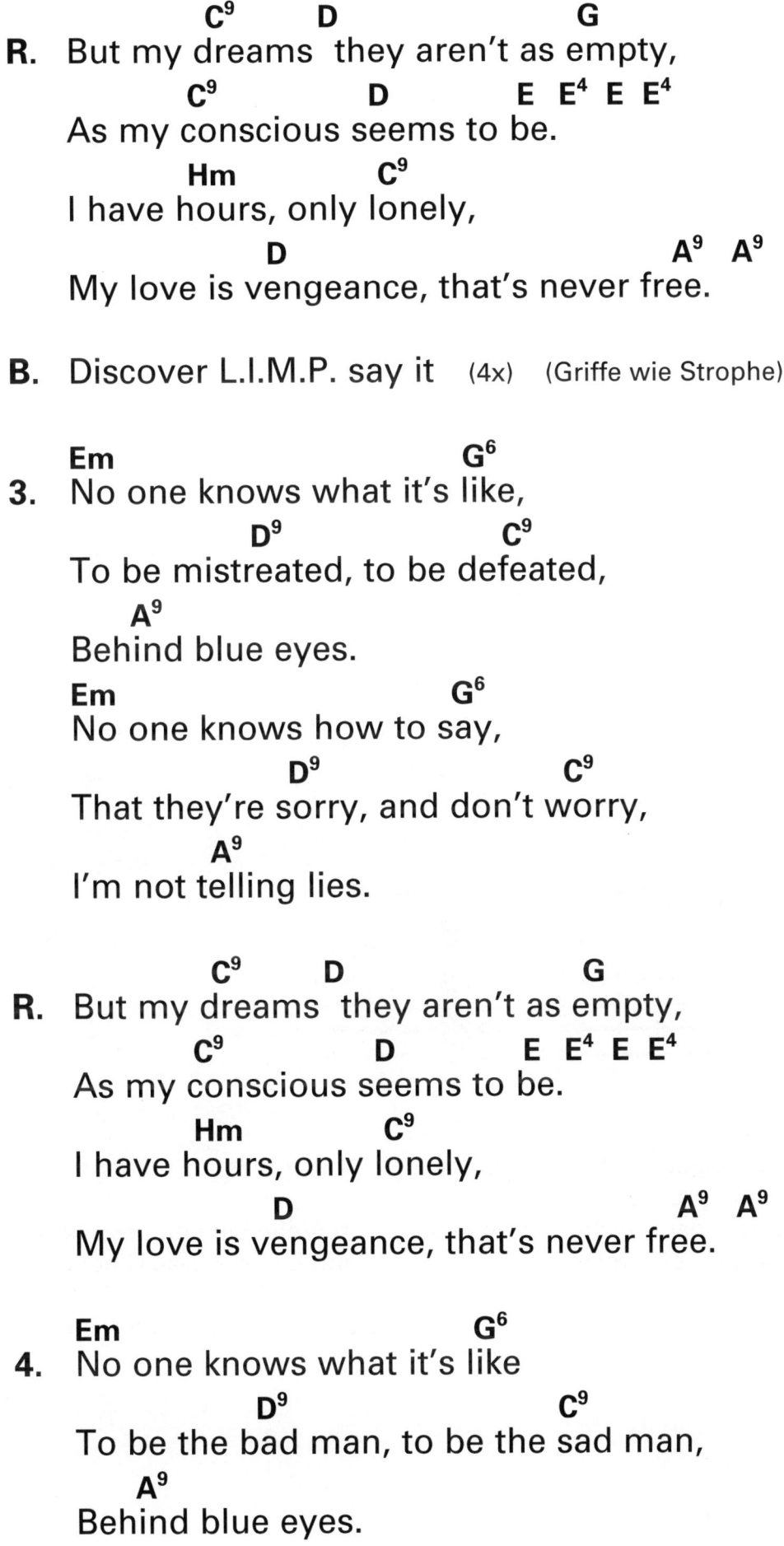

31

Dieser Song wurde 1971 von Pete Townsend, Gitarrist der englischen Rockband THE WHO, geschrieben. Er handelt von der Hauptperson seines „Lifehouse" Projektes, einer Rockoper im Stile von „Tommy", der ersten Rockoper von THE WHO. Hierbei geht es um eine zukünftige Gesellschaft von Menschen, die in einer virtuellen Welt leben. Nachdem er die Story vor fast 30 Jahren geschrieben hatte, konnte Pete Townsend dieses Projekt im Februar 2000 zum ersten Mal öffentlich aufführen. Die amerikanische Band LIMP BIZKIT coverte *Behind blue eyes* und hatte damit Ende 2003 einen Single-Hit!

Griffe:

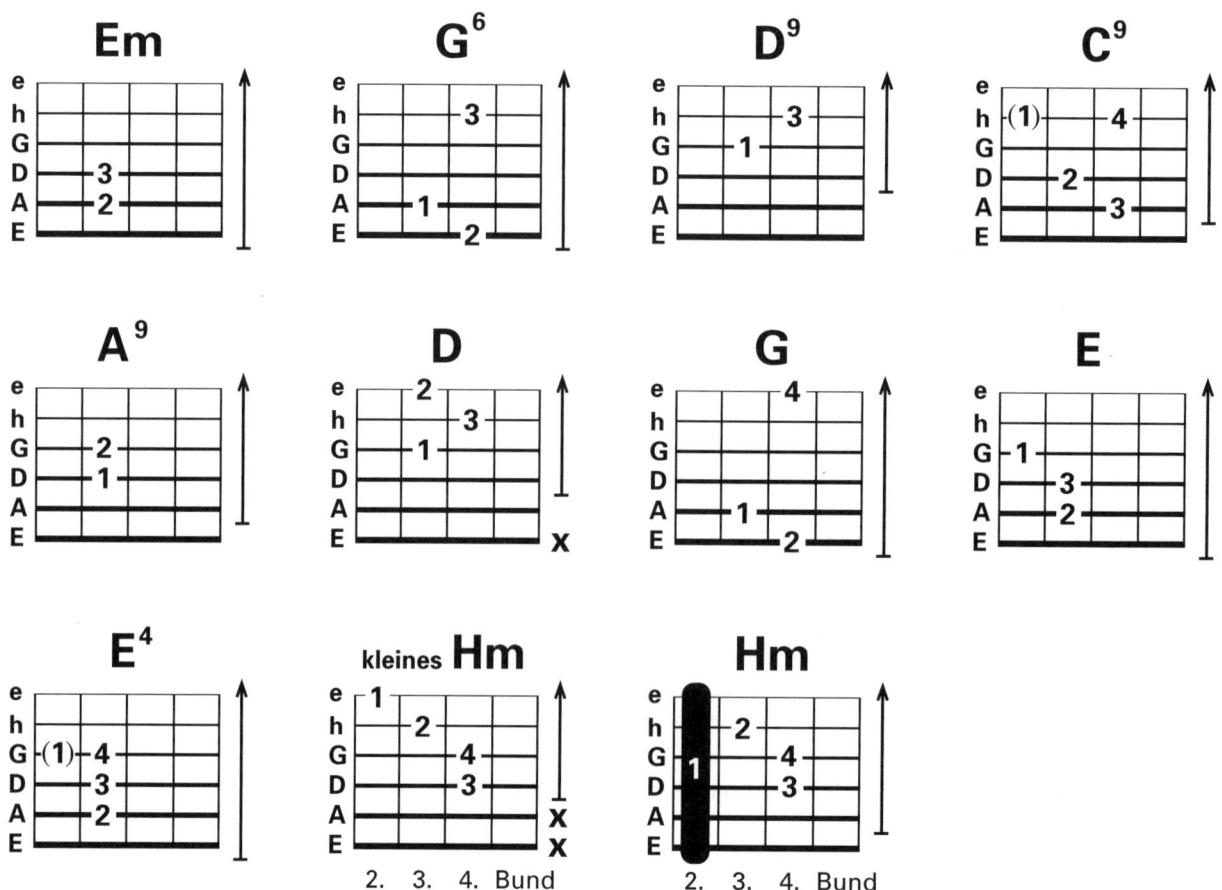

Einige Griffe sind etwas ungewohnt, aber trotzdem leicht zu greifen. Du kannst hier zwischen dem kleinen und großen Hm-Griff wählen.
Wenn du *Behind blue eyes* ganz leicht spielen willst, dann greife bei den ungewohnten Griffen (G⁶, D⁹, C⁹, A⁹, E⁴) die einfachen G-, D-, C-, A- und E-Griffe. Das klingt auch gut!
Wenn du die Griffkombinationen gut wechseln kannst, dann versuche damit folgende Anschlagtechnik.

Anschlagtechnik:
(s. Gitarrenbuch 1, Seite 50)

CD 14

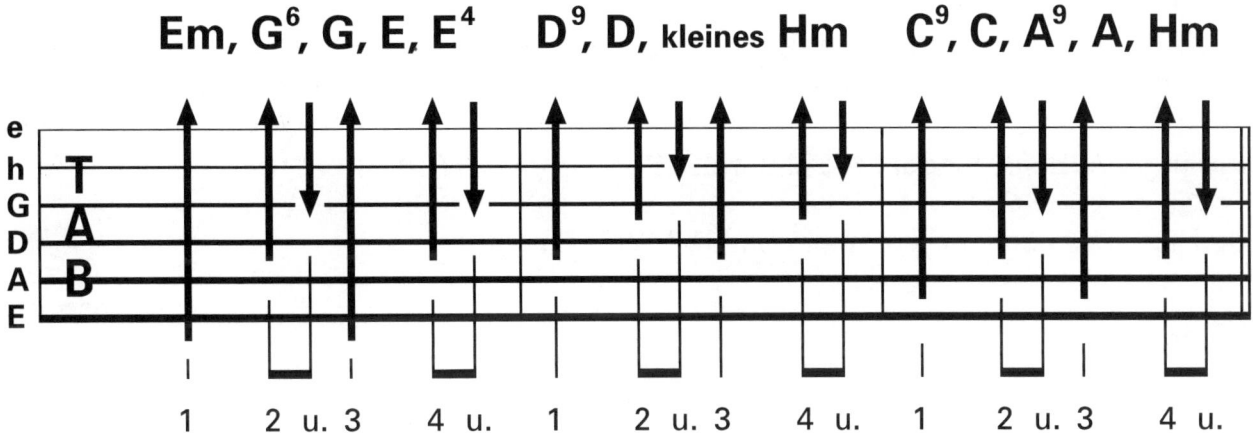

Diese Anschlagtechnik gilt jeweils für die Griffe, die über den einzelnen Takten der Tabulatur stehen. Achte also auf die richtigen Saiten, die du bei den entsprechenden Griffen anschlagen sollst.

Ich habe dir diese Spieltechnik beim **CD-Beispiel 14** so aufgenommen, dass du direkt mitspielen kannst.

Übrigens, beim B-Teil spielst du das Gleiche wie bei den Strophen.
Wenn du die Strophen zupfen möchtest, dann versuche folgende

Zupftechnik:
(s. Gitarrenbuch, Seite 102 und Zupftechniken, ab Seite 35)

CD 15

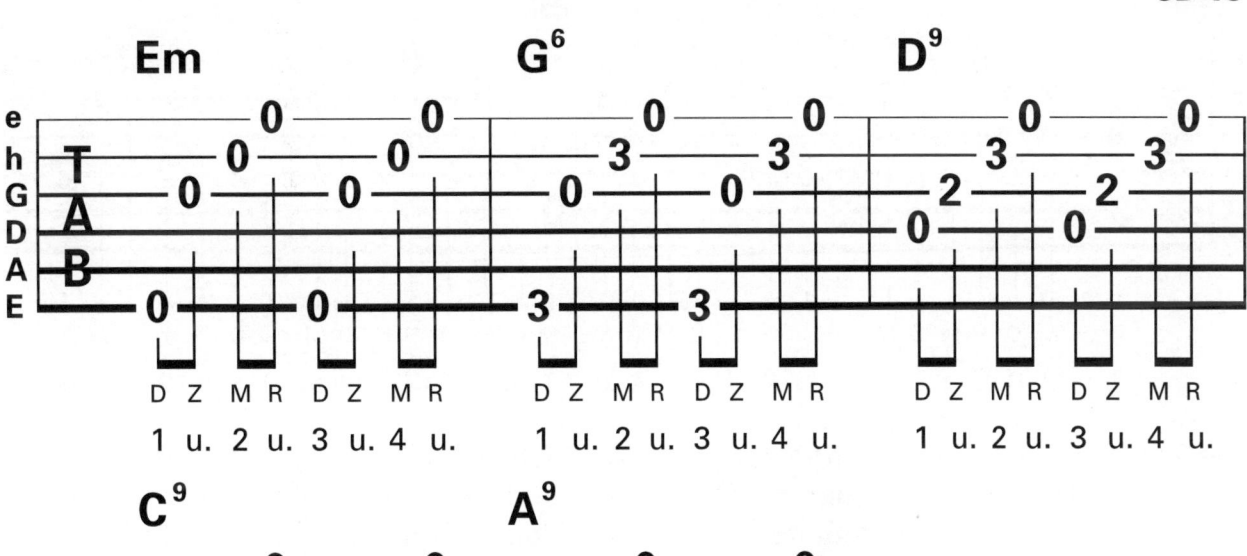

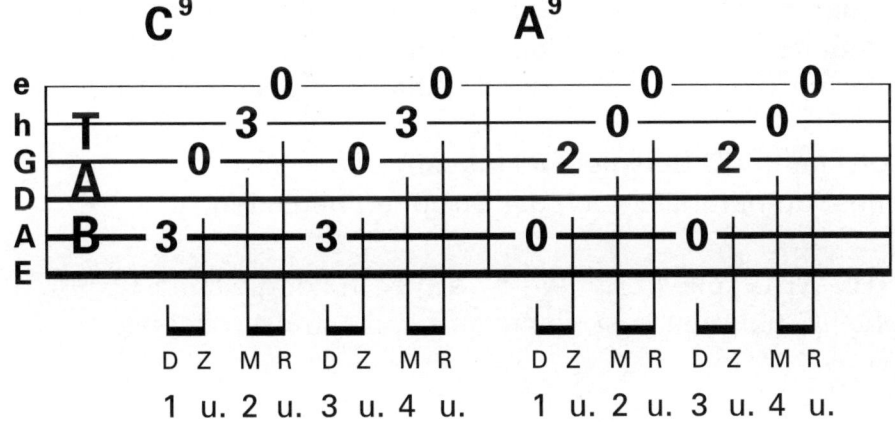

Du zupfst bei jedem Griff zuerst mit dem Daumen die entsprechende Bass-Saite. Dann zupfst du mit dem Zeigefinger (Z) die G-Saite, mit dem Mittelfinger (M) die h-Saite und mit dem Ringfinger (R) die dünne e-Saite. Du spielst alles rhythmisch gleichmäßig hintereinander.

Höre es dir beim **CD-Beispiel 15** genau an. Hier spiele ich dir auch die erste Strophe (mit Zupftechnik) und den Refrain (mit Anschlagtechnik) entsprechend langsam vor.

Anfangston beim Singen: A-Saite im 2. Bund greifen (Ton H).

Hier noch das schöne Vorspiel von LIMP BIZKIT:

CD 16

Vorspiel:

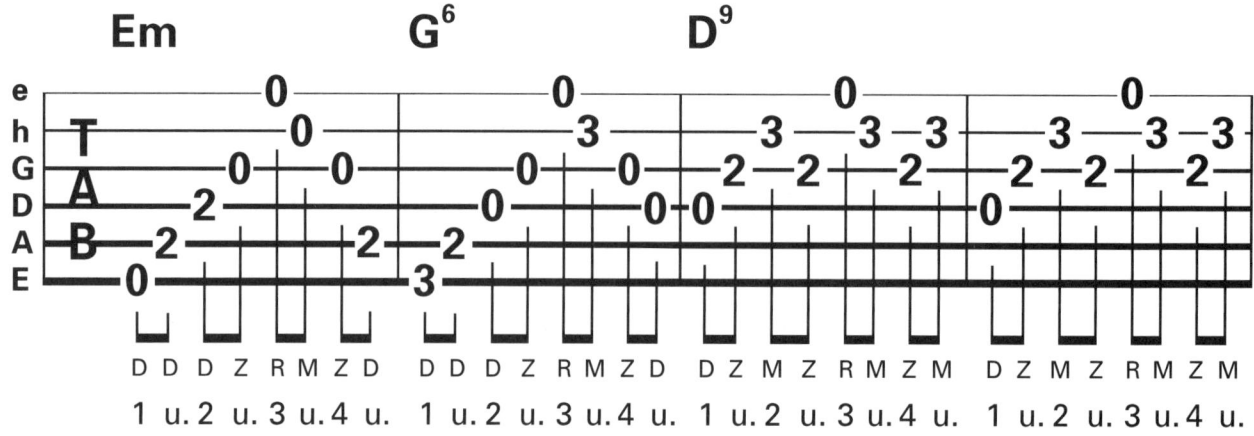

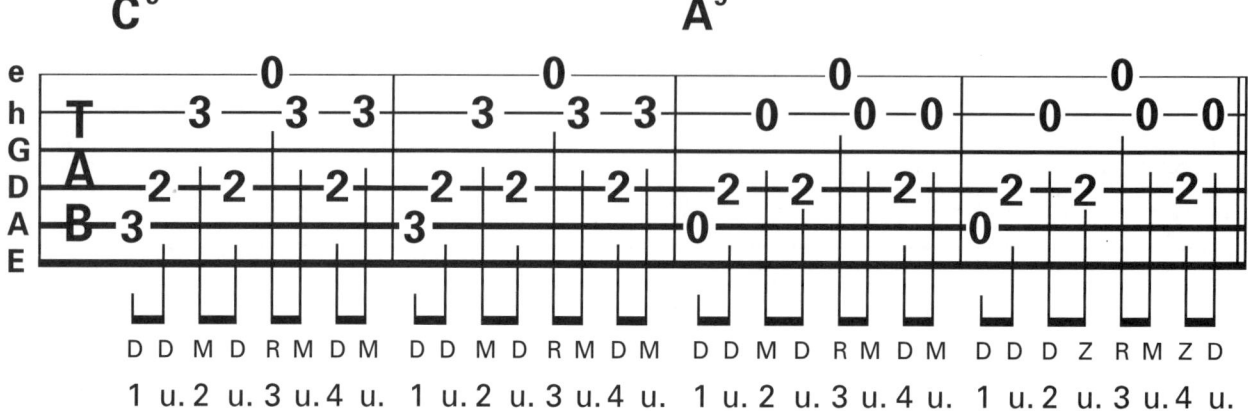

Die Zupftechnik ist etwas ungewöhnlich. Vielleicht liegt es daran, dass der Gitarrist von LIMP BIZKIT nicht mit den Fingern zupft, sondern alles mit dem Plektrum spielt. Achte darauf, dass du jede Saite aus wechselnden Richtungen anschlägst (Wechsel-schlagtechnik). Sonst zupfe mit den hier unter der Tabulatur angegebenen Fingern der rechten Hand.

Ich spiele dir dieses Vorspiel beim **CD-Beispiel 16** langsam vor.

Mit dieser Zupftechnik kannst du natürlich auch die Strophen begleiten.

LIMP BIZKIT und THE WHO spielen *Behind blue eyes* in der gleichen Tonart. Wenn du die Originalaufnahmen hast, dann kannst du sofort mitspielen. Viel Spaß!

As tears go by

Rolling Stones

Text & Musik: Mick Jagger/Keith Richard/Andrew Oldham
© 1964 by Essex Music Ltd.
Für D/A/CH Nero Musikverlag GmbH & Co. oHG

Vorspiel: C / D / F / G

    C   D   F   G

1.   It is the evening of the day,

    C   D   F   G

    I sit and watch the children play.

    F   G

    Smiling faces I can see,

    C $C_{/H}$ Am

    But not for me.

    F   G

    I sit and watch as tears go by.

    C   D   F   G

2.   My riches can't buy everything,

    C   D   F   G

    I want to hear the children sing.

    F   G

    All I hear is the sound,

    C $C_{/H}$ Am

    Of rain falling on the ground.

    F   G

    I sit and watch as tears go by.

Instrumentalteil: wie Strophe (s. Seite 38)

    C   D   F   G

3.   It is the evening of the day,

    C   D   F   G

    I sit and watch the children play.

    F   G

    Doin' things I used to do,

    C $C_{/H}$ Am

    They think are new.

    F   G

    I sit and watch as tears go by.

As tears go by wurde von Mick Jagger, Keith Richards und Andrew Loog Oldham (Manager der ROLLING STONES) für Marianne Faithful, die damalige Freundin von Mick Jagger geschrieben. Sie hatte damit im Herbst 1964 ihren ersten großen Hit. Die ROLLING STONES veröffentlichten diesen Song erst ein Jahr später als Single und verkauften innerhalb von einer Woche über eine halbe Millionen Exemplare. Sie wollten diese verträumte Ballade ursprünglich gar nicht aufnehmen, weil sie sich als eine harte Rock- und Bluesband verstanden. Bis heute wurde *As tears go by* über 60 Mal von verschiedenen Interpreten gecovert.

Griffe:

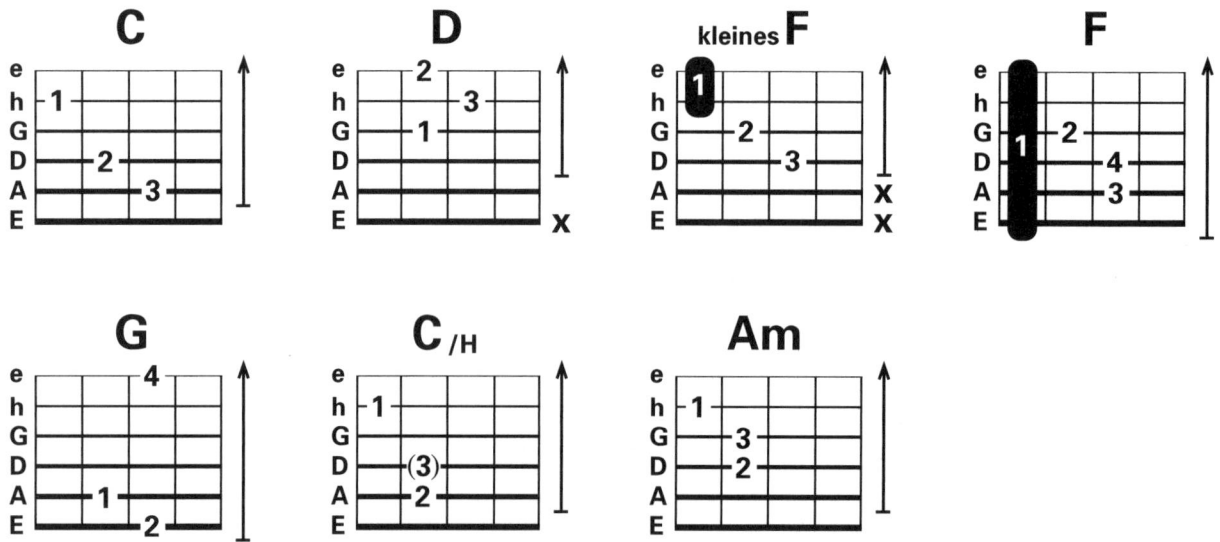

Du kannst zwischen dem großen und kleinen F-Griff wählen. Wenn du die folgende Zupftechnik spielst, dann kannst du beim C/H-Griff den Ringfinger (3) weglassen. Deswegen siehst du hier die Klammer im Griffbild.

CD 17

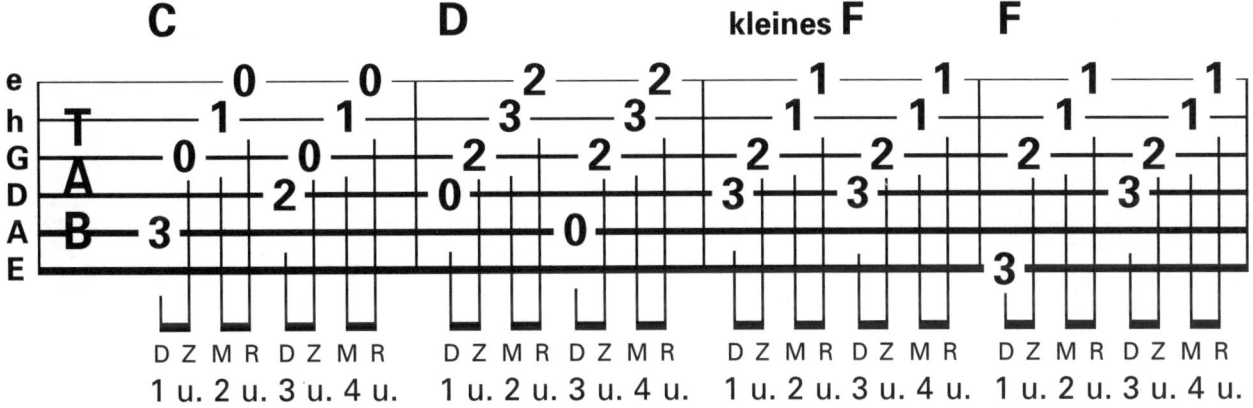

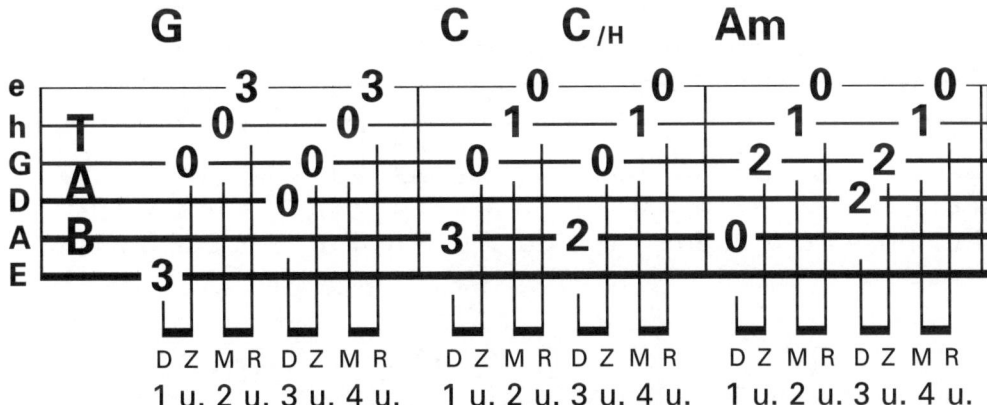

Du zupfst bei jedem Griff mit dem Daumen (D) der rechten Hand zwei unterschied-liche Bass-Saiten. Außer beim kleinen F- und beim C/H-Griff. Beim C-Griff spielst du zuerst die A-Saite. Dann zupfst du mit dem Zeige- (Z), Mittel-(M) und Ringfinger (R) hintereinander die G-, h- und dünne e-Saite. Jetzt spielst du mit dem Daumen die D-Saite als zweite Bass-Saite und dann wieder die untersten drei Saiten usw.

Das ist bei allen Griffen gleich. Achte nur auf die unterschiedlichen Bass-Saiten! Diese Spieltechnik nennt man Wechselbasstechnik.

Du zupfst rhythmisch alles gleichmäßig hintereinander.

Höre es dir beim **CD-Beispiel 17** genau an. Hier spiele ich dir diese Zupftechnik mit der ersten Strophe schön langsam vor. Das ist nicht schwer.

Anfangston beim Singen: A-Saite im 3. Bund greifen (Ton C).

Am Anfang spielst du beim **Vorspiel** die gleiche Zupftechnik, außer beim letzten G-Griff. Da spielst du den folgenden Über-gang:

Ende des Vorspiels:

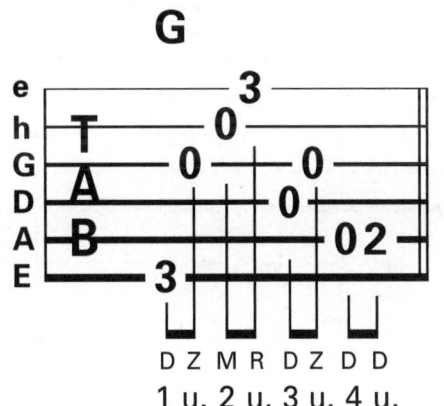

CD 18

Du zupfst bis zum letzten G-Griff die vorher erklärte Zupftechnik. Dann spielst du als letzten Takt einen so genannten Übergang zum C-Griff der ersten Strophe. Du fängst bei dem G-Griff normal an zu zupfen und spielst mit dem Daumen, bei den letzten beiden Taktteilen, die A-Saite einmal leer und einmal im 2. Bund an.

Ich spiele es dir beim **CD-Beispiel 18** mehrmals langsam vor, so dass du direkt mitspielen kannst.

Jetzt fehlt noch der schöne

Instrumentalteil:

CD 19

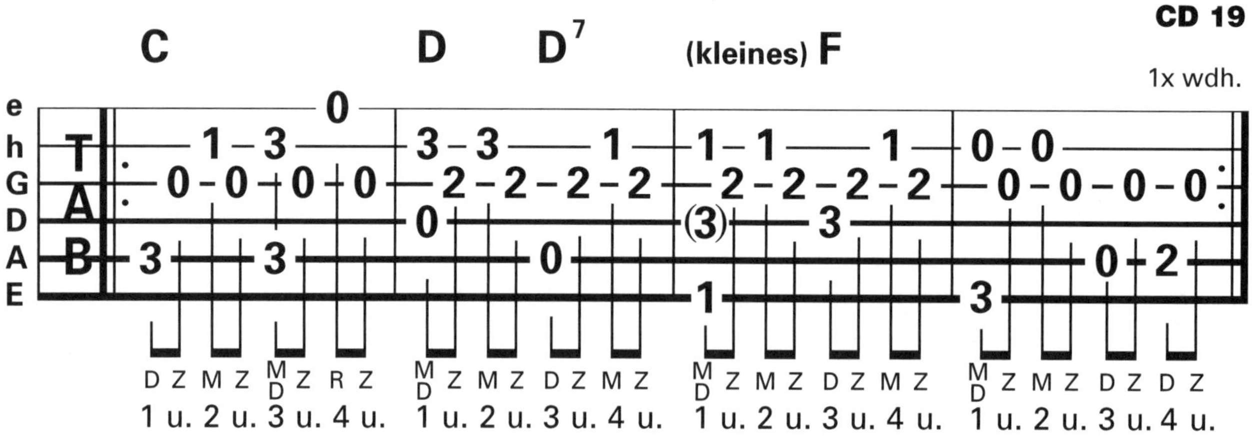

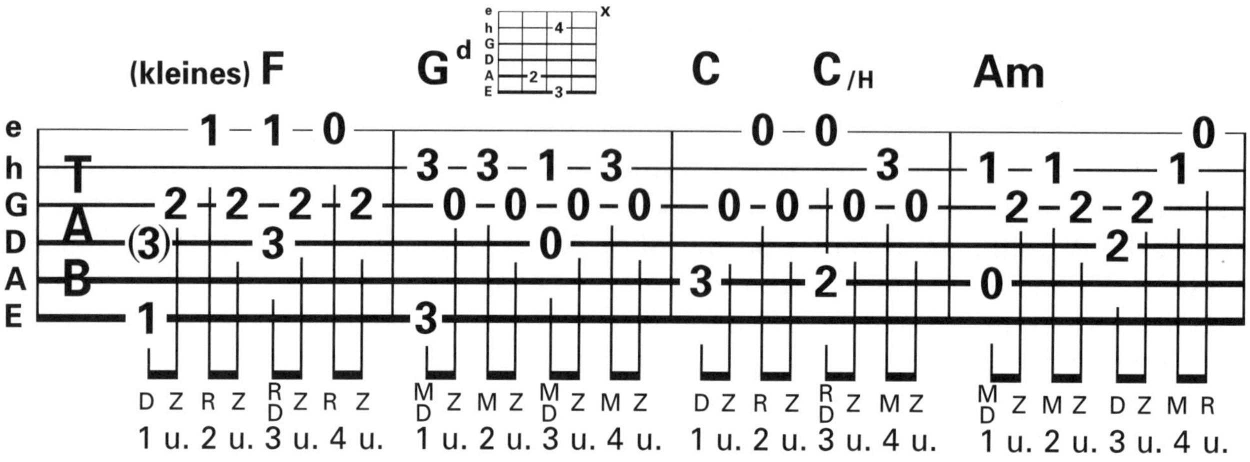

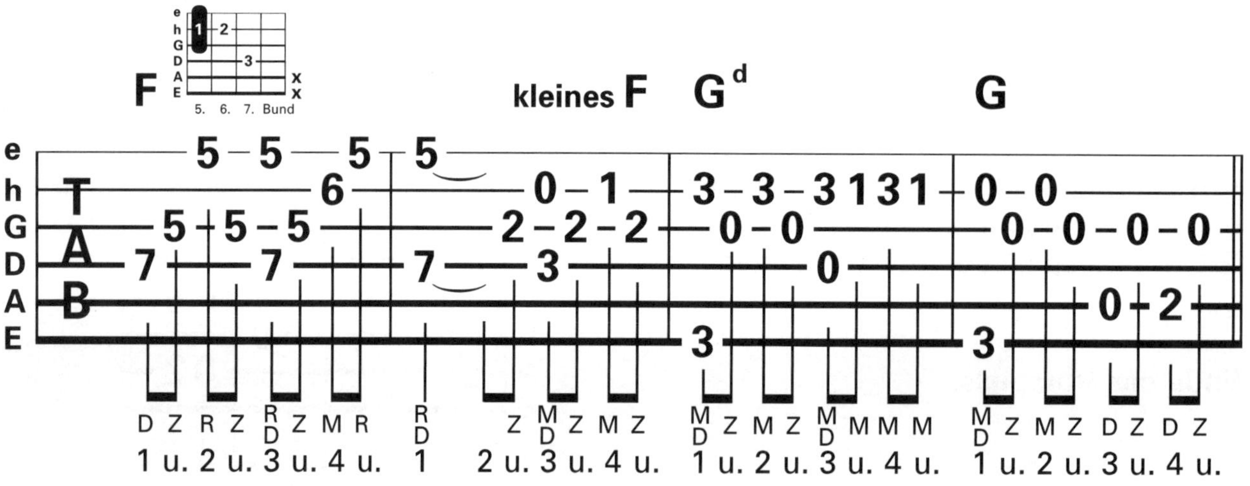

1x wdh.

C · · · · D · · D⁷ · · (kleines) F

```
e |----------------0------------------------------------------------|
h |----1---3---------3---3-----1-----1---1---------1-----0---0-------|
G |--0---0-0-0---2---2---2---2---2---2---2---2---0---0---0-0-0---0---|
D |----------------0---------------(3)-----3----------------|
A |--3-------3-------------0-----------------------------0-2|
E |--------------------------------1-------------3----------|
```

D Z M Z M Z R Z   M Z M Z D Z M Z   M Z M Z D Z M Z   M Z M Z D Z D Z
D   D   D   D
1 u. 2 u. 3 u. 4 u.   1 u. 2 u. 3 u. 4 u.   1 u. 2 u. 3 u. 4 u.   1 u. 2 u. 3 u. 4 u.

(kleines) F   Gᵈ   C   C/H   Am

```
e |----1---1---0-----------------------0---0-------------------------0-|
h |--2---2-2-2---3---3---1---3---0-0---3-----1---1---1------------1----|
G |--2---2-2-2---0---0---0---0---0---0-0---0---0---2---2---2----------|
D |(3)-----3-----------0-------------------------------2|
A |----------------------3-----2-----0--------|
E |--1-----------3------------------|
```

D Z R Z R Z R Z   M Z M Z M Z M Z   D Z R Z R Z M Z   M Z M Z D Z M R
     D   D   D   D   D
1 u. 2 u. 3 u. 4 u.   1 u. 2 u. 3 u. 4 u.   1 u. 2 u. 3 u. 4 u.   1 u. 2 u. 3 u. 4 u.

F   kleines F   Gᵈ   G

```
e |----5---5---5---5---------------------------------------|
h |----------6-------------0---1---3---3---3 1 3 1---0---0-|
G |--5---5-5-------------2---2---2---0---0-----------0-0-0-0-|
D |--7-------7-------7-----3---------0------|
A |------------------------------------------0-2|
E |--------------------3-------3-------3---|
```

D Z R Z R Z M R   R   Z M Z M Z   M Z M Z M M M M   M Z M Z D Z D Z
     D   D   D   D   D   D
1 u. 2 u. 3 u. 4 u.   1   2 u. 3 u. 4 u.   1 u. 2 u. 3 u. 4 u.   1 u. 2 u. 3 u. 4 u.

Du startest mit dem C-Griff und zupfst zuerst mit dem Daumen (D) die A-Saite als Bass-Saite. Dann mit dem Zeigefinger (Z) die G-Saite, mit dem Mittelfinger (M) die h-Saite und wieder mit dem Zeigefinger die G-Saite. Das spielst du alles gleichmäßig hintereinander.

Jetzt zupfst du gleichzeitig mit dem Daumen und Mittelfinger die A- und h-Saite. Danach wieder hintereinander mit dem Zeigefinger die G-Saite, mit dem Ringfinger (R) die dünne e-Saite usw.

Achte auf die entsprechenden Griffwechsel. Unbekannte Griffe habe ich dir an den entsprechenden Stellen mit abgebildet.

Etwas Übung brauchst du für den Wechsel zwischen dem Am-Griff und dem folgenden F-Griff im 5. Bund. Der Haltebogen (⌣) im Takt danach bedeutet, dass du hier die gezupften Anschläge über den nächsten Taktteil 2 hin ausklingen lässt.

Die Zahlen in den Klammern spielst du nur, wenn du den kleinen F-Griff greifst.

Beim **CD-Beispiel 19** habe ich dir den ganzen Instrumentalteil schön langsam zum Mitspielen aufgenommen. Viel Spaß!

 Die ROLLING STONES spielen *As tears go by* in G. Befestige deinen Kapodaster im 7. Bund (oder schreibe dir die Griffe mit Hilfe der Kapodastertabelle am Ende dieses Buches um), dann kannst du sofort mitspielen.

Marianne Faithful singt es auf ihrer Originalaufnahme von 1964 in der gleichen Tonart, wie ich es dir hier aufgeschrieben habe.

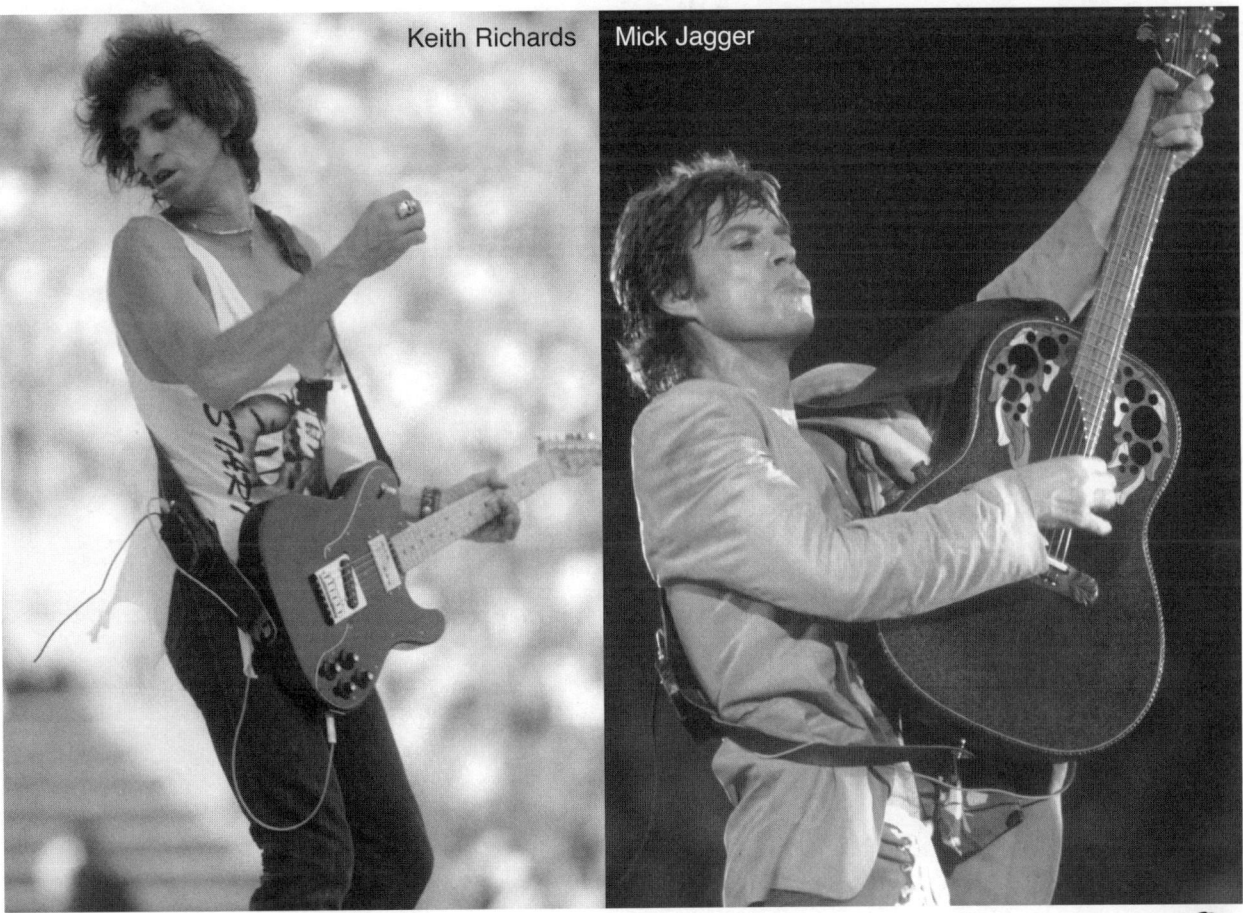

Keith Richards   Mick Jagger

Boat On The River

Styx

Text und Musik: Tommy Shaw
© by Stygian Songs. MELODIE DER
WELT, J. Michel KG, Musikverlag, Frank-
furt/Main für Deutschland, Österreich,
Schweiz und osteurop. Länder. Abdruck
erfolgt mit freundlicher Genehmigung von
MELODIE DER WELT, J. Michel KG,
Musikverlag, Frankfurt/Main.

    Em
1. Take me back to my boat on the river,
         D   **H⁷**
    I need to go down, I need to come down.
    Em
    Take me back to my boat on the river,
        D   **Em**
    And I won't cry out anymore.

      Em
2. Times stands still as I gaze in the water,
        D   **H⁷**
    She eases me down, touching me gently.
          Em
    With the waters that flow past my boat on the river,
     D   **Em**
    So I don't cry out anymore.

           D   **H⁷**   **Em**
R. Oh, the river is wise, the river it touches my life,
              A
    Like the waves on the sand.
      Am   **Em**
    And all roads lead to tranquility base,
         F♯   **H⁷**
    Where the frown on my face disappears.
    Em
    Take me down to my boat on the river,
        D   **H⁷**   **Em**
    And I won't cry out anymore.

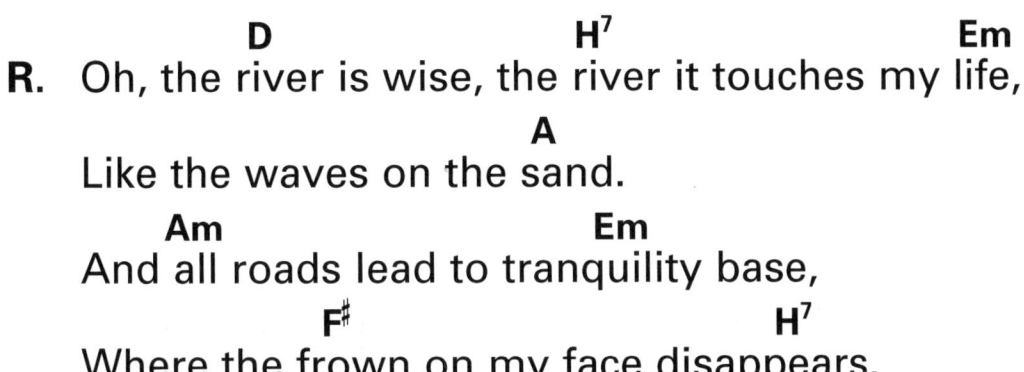

R.
      D   **H⁷**   **Em**

R. Oh, the river is wise, the river it touches my life,

                         A

Like the waves on the sand.

   Am   **Em**

And all roads lead to tranquility base,

             F♯   **H⁷**

Where the frown on my face disappears.

   Em

3. Take me down to my boat on the river,

      D   **H⁷**

I need to go down, won't you let me go down.

  Em

Take me back to my boat on the river,

      D   **Em**

And I won't cry out anymore.

      D   **Em**

And I won't cry out anymore.

    H⁷   **Em**   **(H⁷ Em)**

And I won't cry out anymore.

Die Rockband STYX hat ihren Namen aus der griechischen Mythologie entnommen. Er ist der Name des Flusses, der die Unterwelt Hades umkreist. Sie gründeten sich in Chicago Anfang der 70er Jahre und machten durch ihre pompöse Rockmusik und Heavy-Pop-Balladen auf sich aufmerksam. Tommy Shaw, einer der Sänger und Gitarristen der Gruppe, schrieb *Boat on the river* Ende der 70er Jahre. Damit hatten sie einen Millionenerfolg. Fast jeder der Gitarre spielt, lernt diesen Song irgendwann einmal spielen.

Griffe:

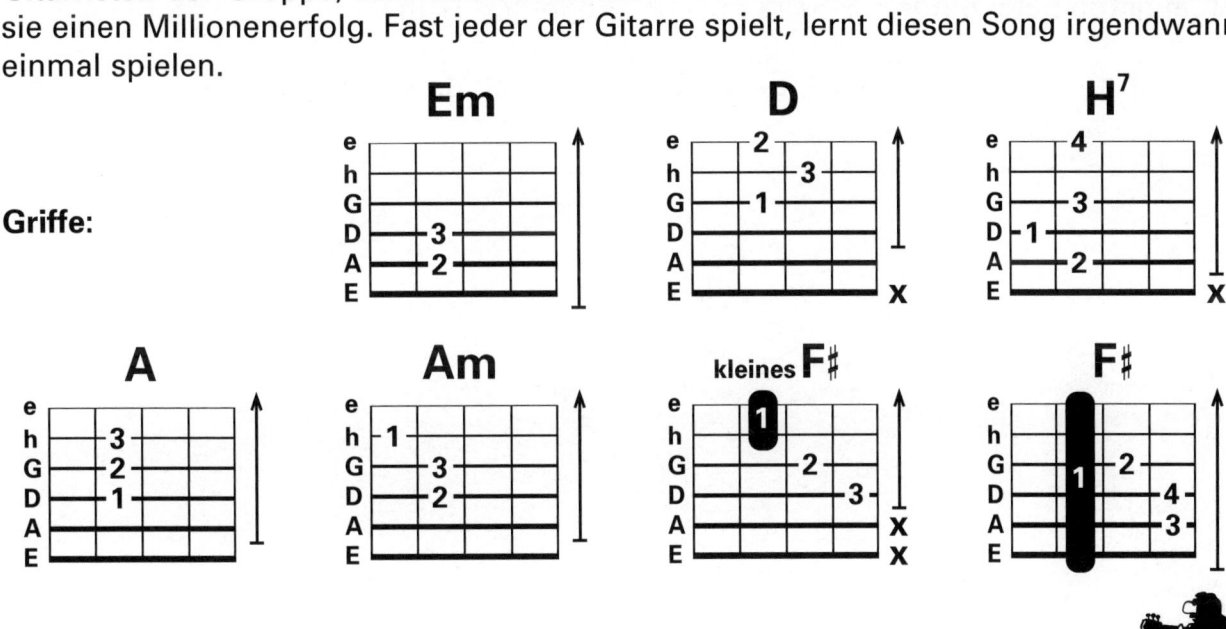

Diese Griffe sind leicht zu spielen. Du kannst zwischen dem kleinen und dem großen F♯-Griff wählen. Spiele damit folgende

Anschlagtechnik:
(s. Gitarrenbuch 2 Seite 17)

CD 20

Du greifst E-Moll und schlägst mit dem Daumen (Finger) der rechten Hand oder dem Plektrum zuerst nur die drei Bass-Saiten von oben aus an. Dann schlägst du nur die vier dünnsten Saiten an. Das wiederholst du und schlägst zum Schluss des ersten Taktes die drei dünnsten Saiten jetzt von unten aus an. Achte darauf, dass du die letzten beiden Anschläge doppelt so schnell spielst wie die anderen Anschläge.
Bei den anderen Griffen spielst du das Gleiche. Du musst nur auf die richtigen Saiten achten, die du anschlagen sollst.
Die Anschlagtechnik für Em gilt auch für F♯, die Anschlagtechnik für D gilt auch für den kleinen F♯-Griff und die Anschlagtechnik für H⁷ gilt auch für A und Am.

Du kannst dir diese Spieltechnik beim **CD-Beispiel 20** genau anhören. Hier spiele ich sie dir mit der ersten Strophe und dem Refrain so langsam vor, dass du direkt mitspielen kannst.

Anfangston beim Singen: E-Saite im 3. Bund greifen (Ton G).

Falls dir die Tonlage zu tief ist, dann benutze einfach deinen Kapodaster.

Ich habe dir für den Anfang noch ein schönes Vorspiel aufgeschrieben. Das geht so:

Vorspiel:

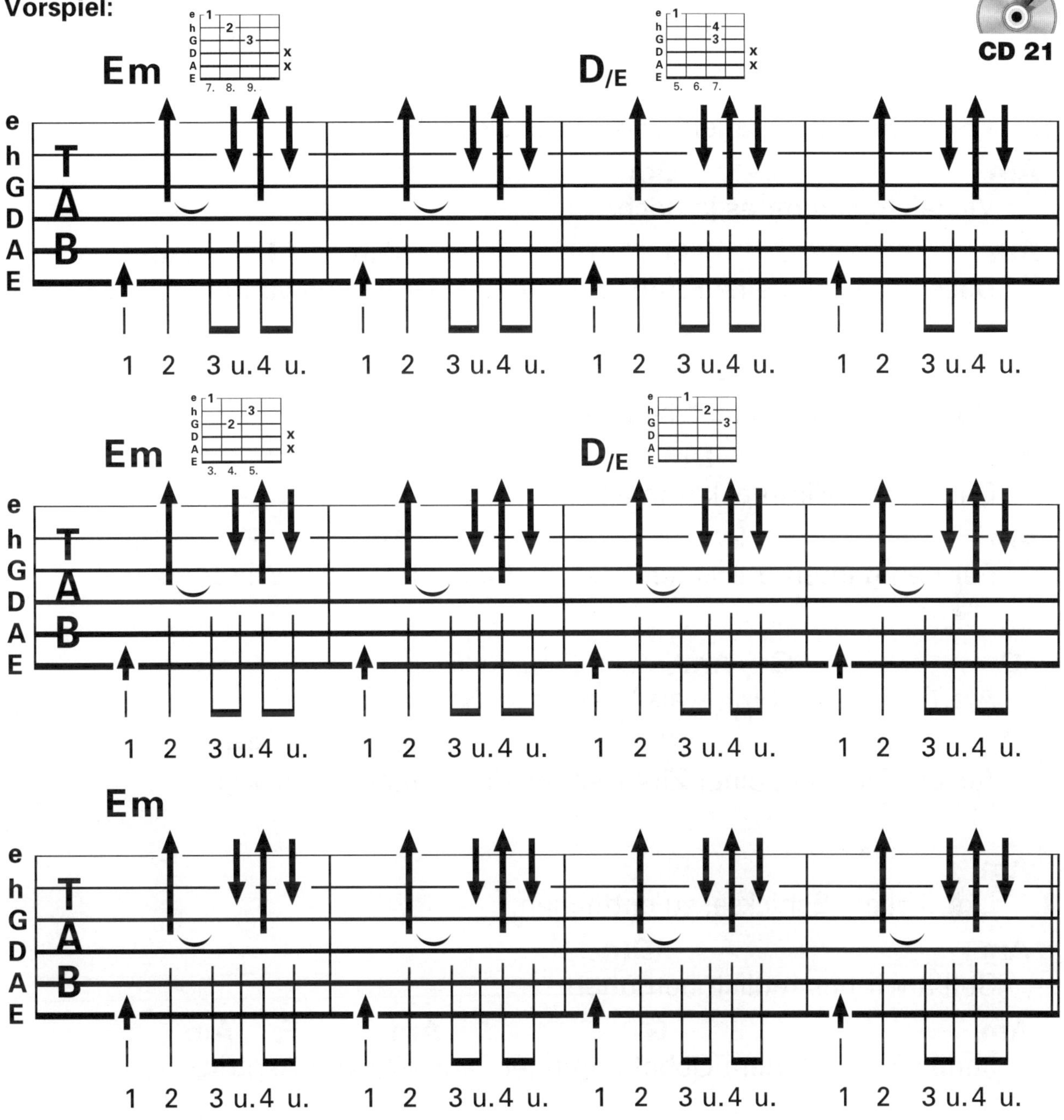

Lerne zuerst die Griffe auswendig wechseln. Dann versuche dazu die Anschlagtechnik. Achte auf den Haltebogen beim Taktteil 2 und dass du am Anfang jedes Taktes die dicke E-Saite einmal anschlägst. Das musst du immer wieder üben, bis es wie von selbst klappt.

Höre es Dir beim **CD-Beispiel 21** genau an. Hier spiele ich es dir mehrmals vor.

Falls dir diese Anschlagtechnik leicht fällt und du dazu singen kannst, dann versuche doch mal, damit das ganze Lied zu spielen. Das klingt sehr gut und entspricht noch mehr der Originalversion!

> STYX starten *Boat on the river* mit Gm. Wenn du jetzt deinen Kapodaster im 3. Bund befestigst, dann kannst du sofort zur Originalaufnahme mitspielen.

Paradies

Musik und Text: Andreas Frege
© Copyright 1996 by Edition Die Toten Hosen (weltweit)

   Am   **G**
1.   Wer kann schon sagen, was mit uns geschieht,

   Am   **Dm**
    Vielleicht stimmt es ja doch.

   Am   **G**   **Am**   **F**   **Am**
    Dass das Leben eine Prüfung ist, in der wir uns bewähren soll'n.

   Am   **G**
2.   Nur wer sie mit „Eins" besteht,

   Am   **Dm**
    Darf in den Himmel kommen.

   Am   **G**   **Am**   **F**   **Am**
    Für den ganzen dreckigen Rest, bleibt die Hölle der Wiedergeburt.

     C   **G** **Am**   **E**
B. Als Tourist auf Ibiza, – als Verkehrspolizist,

     C   **G**   **Am**   **F**   **Am**
    Als ein Clown in einer Zirkusshow, den keiner sehen will.

   Am   **G**
3.   Um diesem Schicksal zu entfliehen,

   Am   **Dm**
    Soll'n wir uns redlich bemühen.

   Am   **G**   **Am**   **F**   **Am**
    Jeden Tag mit 'nem Gebet beginnen, anstelle von Aspirin.

     C   **G**   **Am**   **E**
B. Nur wer immer gleich zum Beichtstuhl rennt, als wär' es ein Wettlauf,

     C   **G**   **Am**   **F**   **Am**
    Und dort alle seine Sünden nennt, der handelt einen Freispruch aus.

   Am   **G**   **F**   **C**   **C**/H
R. Ich will nicht ins Paradies, wenn der Weg dorthin so schwierig ist,

          Am   **G**   **F**   **E**   **Am**
   Ich stelle keinen Antrag auf Asyl, meinetwegen bleib ich hier.

44

```
        Am                      G
4.   Wer Messer und Gabel richtig halten kann,

   Am                          Dm
   Und beim Essen gerade sitzt,

   Am                      G              Am      F       Am
   Wer immer „Ja" und „Danke" sagt, dessen Chancen stehen nicht schlecht.

   C                    G     Am                E
B.  Wer sich brav in jede Reihe stellt, mit geputzten Schuhen,

   C                        G              Am     F    Am
   Wer sein Schicksal mit Demut trägt, dem winkt die Erlösung zu.

   Am                      G     Am                Dm
5.   Wir sollen zuhören und aufpassen, tun was man uns sagt,

   Am                 G             Am          F      Am
   Unterordnen und nachmachen, vom ersten bis zum letzten Tag.

   C                    G        Am                E
B.  Immer schön nach den Regeln spielen, die uns befohlen sind,

   C                      G          Am F    Am
   Wie sie im Buch des Lebens stehen, in Ewigkeit Amen.


   Am              G                   F           C      C/H
R.  Ich will nicht ins Paradies, wenn der Weg dorthin so schwierig ist,

        Am              G          F           G
   Wer weiß, ob es uns dort besser geht, hinter dieser Tür.

   Am              G                   F           C      C/H
   Ich will nicht ins Paradies, wenn der Weg dorthin so schwierig ist,

        Am              G              F    E   Am
   Und bevor ich auf den Knien bet, bleib ich meinetwegen hier.


Solo:        Am / G / Dm / F / Am / G / F / F      (2x)


   Am              G                   F           C      C/H
R.  Ich will nicht ins Paradies, wenn der Weg dorthin so schwierig ist,

        Am              G              F           G
   Wenn ich nicht rein darf, wie ich bin, bleib ich draußen vor der Tür.

   Am              G                   F           C      C/H
   Ich will nicht ins Paradies, wenn der Weg dorthin so schwierig ist,

        Am              G              F    E   Am
   Ich stelle keinen Antrag auf Asyl, meinetwegen bleib ich hier.
```

45

Paradies findest du auf dem erfolgreichsten Album der TOTEN HOSEN „Opium Fürs Volk". Sie gründeten sich in Düsseldorf vor über 20 Jahren und gelten als die bekannteste Punk-Rockband Deutschlands. Der Sänger Campino sagt selbst zur Entstehung von *Paradies*: „Dieses Lied war nie als ein Angriff auf Gott, Glauben und Religion gemeint, sondern als Attacke gegen den Fundamentalismus und vor allem gegen die Hardliner der christlichen Kirche, die seit Jahrhunderten versuchen, den Menschen mit Drohungen aus der Bibel Angst zu machen und sie einzuschüchtern. Diese Aussage musikalisch umzusetzen war nicht ganz einfach für uns. Das Grundgitarrenthema der Strophe hat uns zwar sofort gefallen, hörte sich aber auf Dauer zu ‚mittelalterlich' an. Erst als wir auf die Idee kamen, den Refrain vom Tempo her zu verdoppeln, war dieses Problem beseitigt."

Griffe:

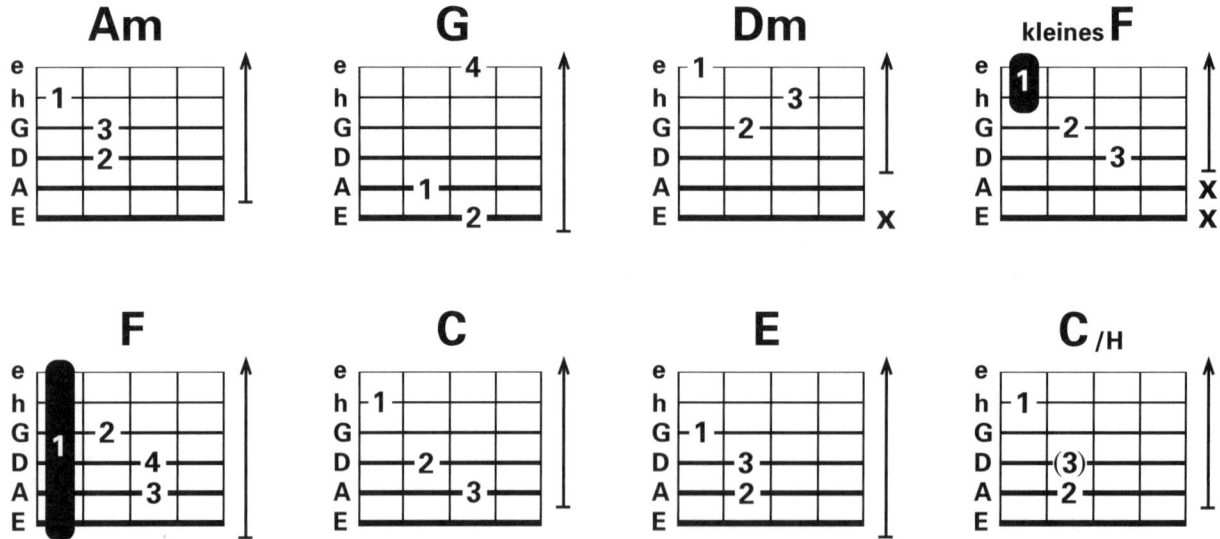

Wenn du diesen Song so einfach wie möglich spielen willst, dann greife das kleine F und lass den C/H-Griff weg.
Spiele damit folgende

Anschlagtechnik:
(s. Gitarrenbuch Seite 38)

CD 22

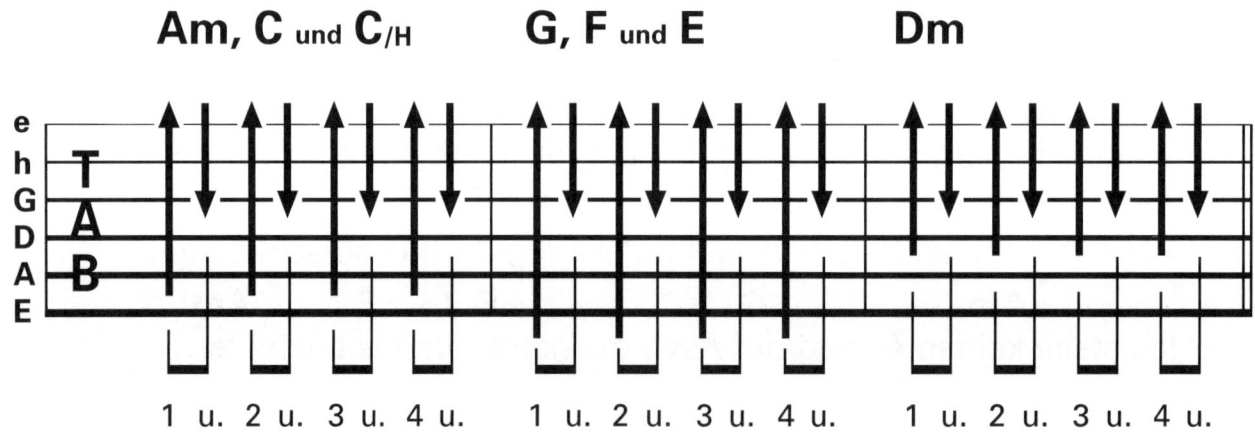

Welche Griffe zu welchem Takt gehören, das steht über der Tabulatur.
Manchmal musst du innerhalb eines Taktes wechseln. Dann greifst du den nächsten Griff beim Taktteil 3.
Ich spiele dir diese Anschlagtechnik beim **CD-Beispiel 22** schön langsam vor.
Wenn das gut klappt, dann versuche mal folgende

Rockgitarren-Spieltechnik:
(s. Rock-Gitarrenbuch)

CD 23

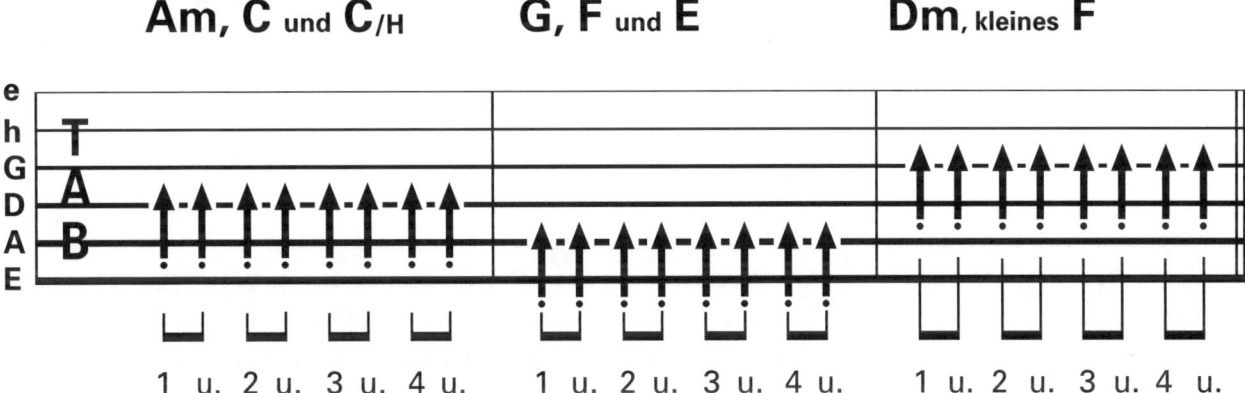

Hier schlägst du bei jedem Griff nur zwei Saiten an. Das ist die jeweilige Bass-Saite des Griffes und die direkt darunter liegende Saite. Dabei stoppst du sie mit der rechten Hand ab, indem du den Handballen am Steg auf die Bass-Saiten legst. Benutze dabei ein Plektrum oder einen Daumenring.
Du kannst dir das auch im Gitarrenbuch 2 ab Seite 81 und im Rock-Gitarrenbuch ab Seite 31 zusätzlich durchlesen. Wichtig ist es, dass du mit dem Handballen die richtige Stelle zum Abdämpfen findest. Du darfst die Bass-Saiten nicht zu weit vor dem Steg abdämpfen.
Versuche verschiedene Positionen, bis es so klingt wie beim **CD-Beispiel 23**. Hier spiele ich dir auch die erste Strophe, den B-Teil und den Refrain entsprechend langsam vor. Du hörst am Anfang meine Akustikgitarre. Später habe ich meine E-Gitarre dazugemischt.

Anfangston beim Singen: leere A-Saite anschlagen!

Jetzt zeige ich dir noch das Gitarrensolo:

Solo:

CD 24

47

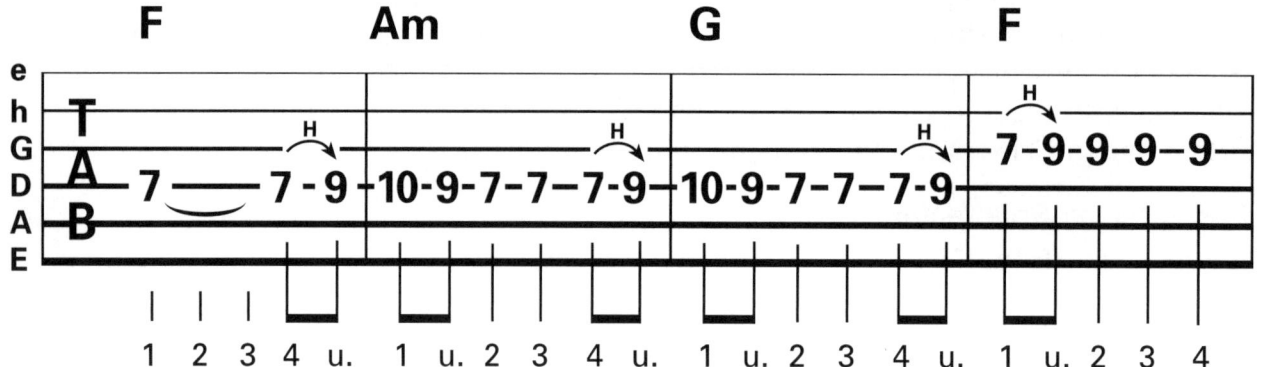

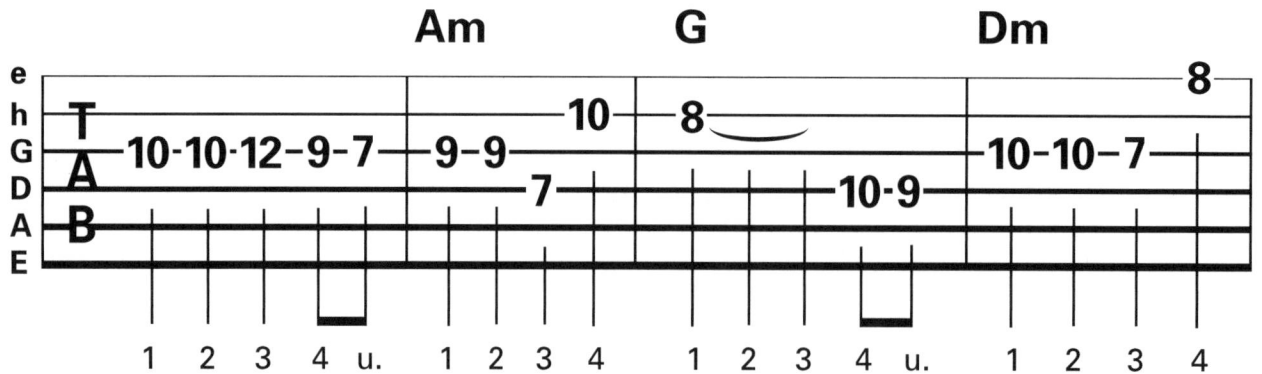

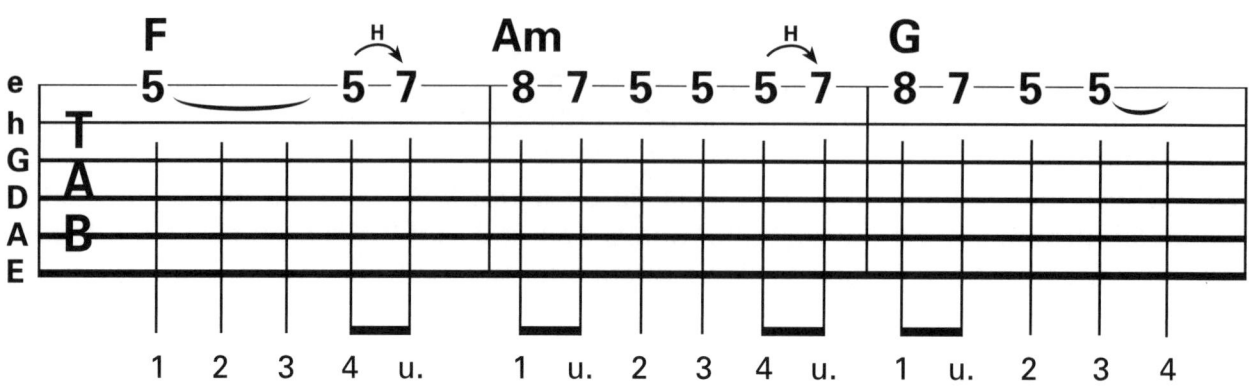

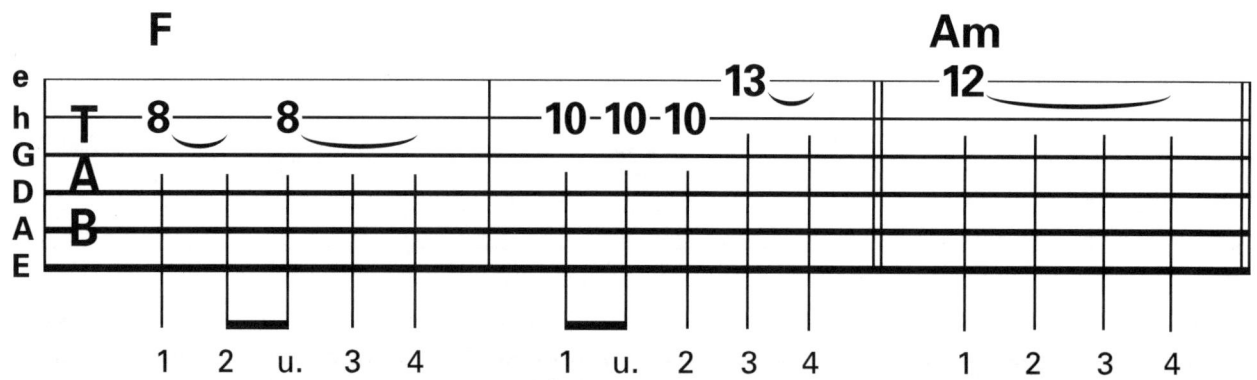

48

Am Anfang spielst du einen Auftakt. Du greifst mit dem Zeigefinger die dicke E-Saite im 8. Bund und schlägst sie an. Dann hämmerst du den Ringfinger in den 10. Bund (8 $\overset{H}{\frown}$ 10) und spielst dann die A-Saite im 7. Bund an usw.

Achte auf die Haltebögen ($\smile$). Hier lässt du den angeschlagenen Ton über die angegebenen Taktteile hin ausklingen. Der letzte Takt ist schon der erste Takt des darauffolgenden Refrains.

Höre dir das Solo beim **CD-Beispiel 24** genau an. Hier spiele ich es dir schön langsam vor. Du hörst die Rhythmusgitarre auf der einen Seite deiner Stereoanlage und die Sologitarre auf der anderen Seite. Dabei stelle ich meinen Verstärker so ein, dass die Gitarre „singt" (mit Distortion-, Gain-, Overdrive- oder Metal-Sound-Schalter).

Wenn du einen Balanceregler hast, dann kannst du dir damit zum Üben entweder die Rhythmus- oder Sologitarre lauter oder leiser stellen.

 Die TOTEN HOSEN spielen *Paradies* in der gleichen Tonart. Du kannst also direkt zur Originalaufnahme mitspielen. Viel Spaß!

Die Toten Hosen

American pie

Don McLean, Madonna

      G   D/F♯ Em   (jeden Griff nur einmal anschlagen)

1. A long long time ago,

  Am   C   Em   D D^4 D D^9 D

I can still remember how that music used to make me smile.

      G   D/F♯ Em   Am   C

And I knew if I had my chance, that I could make those people dance,

      Em   C   D D^4 D D^9 D

And maybe they'd be happy for a while.

Em   Am   Em   Am

But February made me shiver, with every paper I'd deliver.

  C   C/H   Am   C   D

Bad news on the doorstep, I couldn't take one more step.

    G   D/F♯   Em   C   D

I can't remember if I cried, when I read about his widowed bride,

G   D/F♯   Em   C   D   G

Something touched me deep inside, the day the music died.

(ab hier mit langsamer Anschlagtechnik spielen)

       G C   G   D

R. So bye-bye, Miss American Pie,

           G   C   G   D

Drove my chevy to the levee, but the levee was dry.

           G   C   G   D

And them good old boys were drinkin' whiskey and rye,

      Em   **A^7**

Singin' this'll be the day that I die,

Em   D D^9 D, D^4 D D^9 D (ab hier schneller spielen)

This'll be the day that I die.

 G   Am

2. Did you write the Book of Love,

           C   Am   Em   D   D^4 D D^9 D

And do you have faith in God above, if the Bible tells you so.

      G   D/F♯   Em   Am   C

Do you believe in rock 'n' roll, can music save your mortal soul,

50

```
     Em                 A⁷              D
And can you teach me how to dance real slow.
          Em                D
Well, I know that you're in love with him,
          Em              D
'Cause I saw you dancin' in the gym.
       C           C/H       Am           C                    D
You both kicked off your shoes man, I dig those rhythm and blues.
          G      D/F♯    Em
I was a lonely teenage broncin' buck,
       Am                      C
With a pink carnation and a pickup truck.
     G       D/F♯   Em              C          D⁷   G C
But I knew I was out of luck, the day the music died.
  G              D⁷
I started singin':
```

```
        G      C          G        D
R.  So bye-bye, Miss American Pie,
              G          C           G          D
    Drove my chevy to the levee, but the levee was dry.
              G          C                   G          D
    And them good old boys were drinkin' whiskey and rye,
           Em                         A⁷
    Singin' this'll be the day that I die,
    Em                          D  D⁹ D, D⁴ D D⁹ D
    This'll be the day that I die.
```

```
            G                      Am
3.  Now for ten years we've been on our own,
          C                 Am
    And moss grows fat on a rollin' stone,
       Em               D          D⁴ D D⁹ D
    But that's not how it used to be.
              G     D/F♯       Em
    When the jester sang for the King and Queen,
         Am                C
    In a coat he borrowed from James Dean,
```

        Em   A⁷   D   D⁴ D D⁹ D

Em A⁷ **D** D⁴ D D⁹ D
And a voice that came from you and me.

Em **D**
Oh, and while the King was looking down,

Em **D**
The jester stole his thorny crown.

C C/H Am C D
The courtroom was adjourned, no verdict was returned.

G D/F♯ Em
And while Lenin read a book of Marx,

Am C
The quartet practiced in the park,

G D/F♯ Em C D⁷ G C
And we sang dirges in the dark, the day the music died.

G D⁷
We were singing:

G C G D
R. So bye-bye, Miss American Pie,

G C G D
Drove my chevy to the levee, but the levee was dry.

G C G D
And them good old boys were drinkin' whiskey and rye,

Em **A⁷**
Singin' this'll be the day that I die,

Em D D⁹ D, D⁴ D D⁹ D
This'll be the day that I die.

G Am
4. Helter Skelter in a summer swelter,

C Am
The birds flew off with a fallout shelter,

Em D D⁴ D D⁹ D
Eight miles high and falling fast.

G D/F♯ Em Am C
It landed foul out on the grass, the players tried for a forward pass.

Em A⁷ D D⁴ D D⁹ D
With the jester on the sidelines in a cast.

52

       Em   **D**
Now the half-time air was sweet perfume,

         Em   **D**
While the Sergeants played a marching tune.

C   **C**/H   **Am**   **C**   **D**
We all got up to dance, oh, but we never got the chance.

          G   **D**/F# **Em**
'Cause the players tried to take the field,

      Am   **C**
The marching band refused to yield,

G   **D**/F#   **Em**   **C**   **D**^{7} **G** **C**
Do you recall what was revealed, the day the music died.

G   **D**^{7}
  We started singing:

      G **C**   **G**   **D**
R. So bye-bye, Miss American Pie,

        G   **C**   **G**   **D**
Drove my chevy to the levee, but the levee was dry.

        G   **C**   **G**   **D**
And them good old boys were drinkin' whiskey and rye,

     Em   **A**^{7}
Singin' this'll be the day that I die,

Em   **D** **D**^{9} **D, D**^{4} **D D**^{9} **D**
This'll be the day that I die.

      G   **Am**
5. Oh, and there we were all in one place,

     C   **Am**   **Em**   **D**   **D**^{4} **D D**^{9} **D**
A generation Lost in Space, with no time left to start again.

         G   **D**/F# **Em**
So come on, Jack be nimble, Jack be quick,

Am   **C**   **Em**   **A**^{7} **D**
Jack Flash sat on a candlestick, 'cause fire is the Devil's only friend.

      Em   **D**
Oh, and as I watched him on the stage,

      Em   **D**
My hands were clenched in fists of rage,

    C   C_{/H}   Am   C   D

No angel born in hell, could break that Satan's spell.

                    G   D_{/F♯}   Em

And as the flames climbed high into the night,

   Am   C

To light the sacrificial rite,

        G   D_{/F♯}   Em   C   D⁷   G   C

I saw Satan laughing with delight, the day the music died.

G   D⁷

He was singing:

       G   C   G   D

R. So bye-bye, Miss American Pie,

             G   C   G   D

Drove my chevy to the levee, but the levee was dry.

             G   C   G   D

And them good old boys were drinkin' whiskey and rye,

         <u>Em</u>   **<u>A</u>⁷**

Singin' this'll be the day that I die,

Em   D

This'll be the day that I die.

(jetzt wieder jeden Griff nur einmal anschlagen, wie 1. Strophe)

  G   D_{/F♯}   Em

6. I met a girl who sang the blues,

    Am   C

And I asked her for some happy news,

    Em   D   D⁴ D D⁹ D

But she just smiled and turned away.

G   D_{/F♯}   Em

I went down to the sacred store,

      Am   C

Where I'd heard the music years before,

      Em   C   D   D⁴ D D⁹ D

But the man there said the music woudn't play.

    Em   Am

And in the streets the children screamed,

54

<pre>
      Em   Am
The lovers cried, and the poets dreamed.
      C   C/H   Am   C   D
But not a word was spoken, the church bells all were broken.
G   D/F♯ Em
And the three men I admire most,
          C   D
The Father, Son and the Holy Ghost,
         G   D/F♯   Em   C   D⁷ G
They caught the last train for the coast, the day the music died.

And they were singing:

(jetzt wieder die Griffe rhythmisch langsam anschlagen)

        G   C   G   D
R. Bye-bye, Miss American Pie,
              G   C   G   D
    Drove my chevy to the levee, but the levee was dry.
              G   C   G   D
    And them good old boys were drinkin' whiskey and rye,
          Em   A⁷
    Singin' this'll be the day that I die,
    Em   D D⁹ D, D⁴ D D⁹ D
    This'll be the day that I die.

They were singing:

        G   C   G   D
R. Bye-bye, Miss American Pie,
              G   C   G   D
    Drove my chevy to the levee, but the levee was dry.
              G   C   G   D
    And them good old boys were drinkin' whiskey and rye,
            C   D   G C G
    Singin' this'll be the day that I die,
</pre>

Words & Music by Don McLean
© 1971 Music Corporation Of America Incorporated/
Benny Bird Company Inc. Universal/MCA Music Limited.
All Rights Reserved. International Copyright Secured.
Used by permission of Music Sales Limited.

Der amerikanische Singer/Songwriter DON MCLEAN hat seinen Song *American Pie* Buddy Holly gewidmet. Buddy Holly war ein bekannter Rock'n'Roll-Sänger der 50er Jahre. Er starb mit einigen anderen bekannten Musikern bei einem Flugzeugabsturz am 3. Februar 1959. Dieser Tag wurde damals in den USA als „The day the music died" bekannt. So findet man in diesem Lied viele Textanspielungen auf verschiedene geschichtliche und musikalische Begebenheiten. Wer sich dafür interessiert, sollte mal unter dem Liedtitel im Internet nachforschen. *American Pie* erreichte 1972 die Nr. 1-Position der Hitparade vieler Länder. Bekannte Cover-Versionen gibt es von Madonna, Nina Simone und den King's Singers.

Griffe:

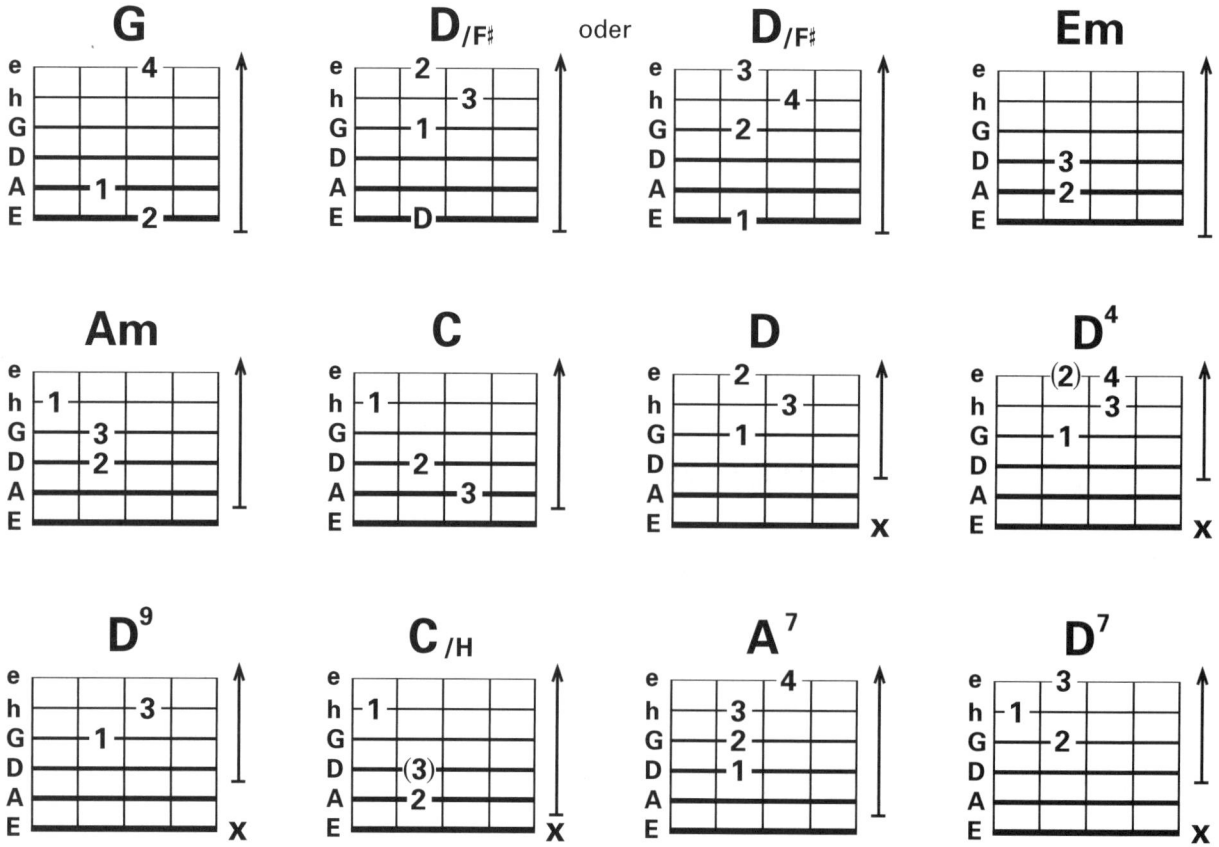

Das sind alle Griffe die im Original vorkommen. Wenn du dir das vereinfachen möchtest, dann spiele für alle $D_{/F\sharp}$-, D^4-, D^7- und D^9- Griffe den einfachen D-Griff. Das klingt auch gut. Entscheide selbst. Die Finger in den Klammern kannst du weglassen.
Wenn du alle Griffe gut wechseln kannst, dann versuche damit folgende Anschlagtechnik.

Anschlagtechnik:
(s. Gitarrenbuch 1, Seite 38)

CD 25

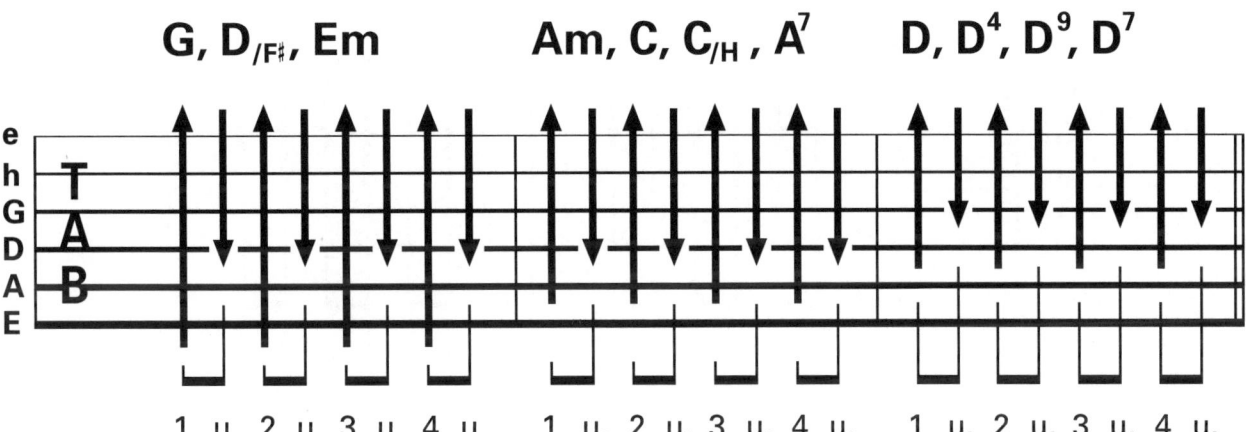

Diese Anschlagtechnik ist sehr leicht. Du musst nur die richtigen Saiten zu den jeweiligen Griffen anschlagen. Die Griffe, die zu der entsprechenden Anschlagtechnik passen, stehen über der Tabulatur. Achte darauf, dass du rhythmisch alles gleichmäßig hintereinander spielst.
Beim „Raufschlagen" (von unten nach oben) spielst du nur die untersten vier bzw. drei Saiten an. Das klingt sehr gut. Du kannst aber auch die gleichen Saiten anschlagen wie beim „Runterschlagen".

Höre dir dazu das **CD-Beispiel 25** an. Hier spiele ich dir den Refrain und die 2. Strophe so langsam wie möglich vor. Die erste Strophe wird ja nicht rhythmisch durchgespielt und hat die gleiche Gesangsmelodie.

Anfangston beim Singen: leere D-Saite anschlagen.

Bei der ersten und letzten Strophe schlägst du jeden Griff nur einmal an. Achte darauf, dass du die richtigen Saiten anschlägst. Das zeigen dir die Pfeile neben den Griffbildern!

Den Refrain danach spielst du mit der hier beschriebenen Anschlagtechnik, nur sehr langsam. Die folgenden Strophen und Refrains werden dann etwas schneller gespielt.

Die unterstrichenen Griffe (Em, A⁷ und D) schlägst du immer nur einmal an und lässt sie bis zum nächsten Griff hin ausklingen.

Am Schluss des Refrains spielst du folgende Rhythmik:

Zwischenspiel am Ende der Refrains:

CD 26

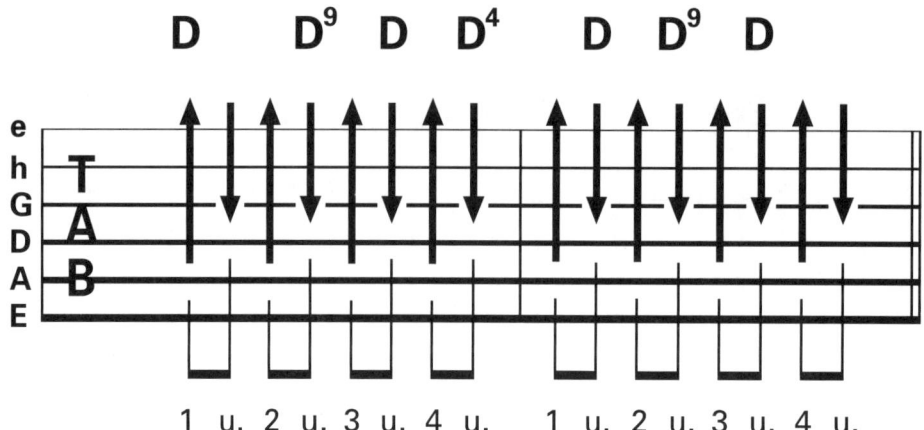

Hier wechselst du die Griffe bei den u.-Zählzeiten.

Höre es dir zuerst beim **CD-Beispiel 26** genau an. Hier spiele ich dir dieses Zwischenspiel sehr langsam vor. Versuche dabei mitzuspielen. Wenn das gut klappt, dann spiele es immer am Ende des Refrains.

Innerhalb der Strophen spielst du auch die Wechsel der D-Griffe. Bei der ersten und letzten Strophe schlägst du ja die Griffe nur einmal an. Ab der zweiten Strophe spielst du dabei folgende Rhythmik:

Zwischenspiel innerhalb der Strophen:

CD 27

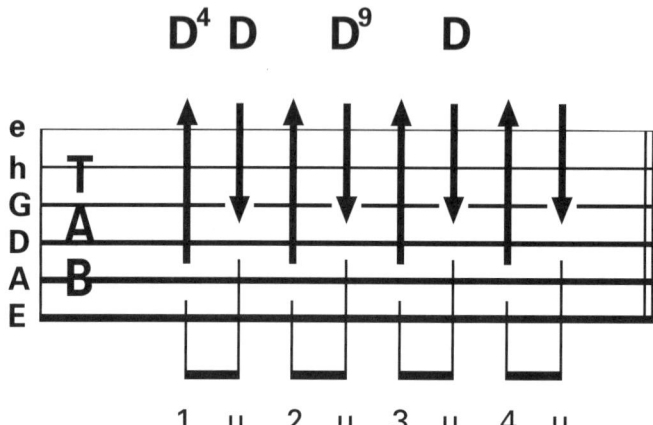

Hier startest du mit dem D4-Griff und wechselst sofort zum normalen D-Griff usw. Sonst spielst du das Gleiche wie im 2. Takt des vorherigen Beispiels (CD 26).

Ich habe es dir beim **CD-Beispiel 27** aufgenommen.

 DON MCLEAN spielt *American Pie* in der gleichen Tonart. Wenn du die Originalaufnahme hast, dann kannst du sofort mitspielen!

Summertime Blues

Eddie Cochran, The Who

Vorspiel: A D / E A / A D / E A / A / A

Musik und Text: Eddie Cochran & Jerry Capehart
© Mit freundlicher Genehmigung CONNELLY-MUSIK-
VERLAG DR. HANS SIKORSKI KG, Hamburg

        A
1. I'm gonna raise a fuss,

                       A D / E A
I'm gonna raise a holler.

        A
About a-workin' all summer,

                     A D / E A
Just to try to earn a dollar.

        D
Every time I call my baby,

Try to get a date.

       A
My boss says, "No dice, son,

You gotta work late."

      D
Sometimes I wonder,

What I'm-a gonna do.

        A
But there ain't no cure

For the summertime blues.

Zwischenspiel: A D / E A / A D / E A / A / A

        A
2. Well, my mom and papa told me,

                         A D / E A
"Son, you gotta make some money.

       A
If you wanna use the car,

                                 A D / E A
To go ridin' next Sunday."
    D
Well, I didn't go to work,

Told the boss, I was sick.
      A
"Now you can't use the car,

'Cause you didn't work a lick."
  D
Sometimes I wonder,

What I'm-a gonna do.
     A
But there ain't no cure

For the summertime blues.

Zwischenspiel: A D / E A / A D / E A / A / A

       A
3. I'm gonna take two weeks,
                      A D / E A
Gonna have a fine vacation.
      A
I'm gonna take my problem,
               A D / E A
To the United Nations.
   D
Well, I called my congressman,

And he said, quote,
  A
"I'd like to help you, son,

But you're too young to vote."

D
Sometimes I wonder,

What I'm-a gonna do.
             A
But there ain't no cure

For the summertime blues.

Nachspiel: A D / E A / A D / E A

EDDIE COCHRAN war einer der großen Rock'n'Roll-Stars Ende der 50er Jahre. Er starb leider sehr früh. Mit nur 21 Jahren, am 17. April 1960, kam er bei einem Autounfall in England ums Leben. Sein Song *Summertime Blues* wurde zum Standard vieler Rock'n'Roll Bands. Eine interessante Version von diesem Song kannst du im legendären Woodstock-Film von der englischen Band THE WHO sehen. Hier spielt der Gitarrist Pete Townsend die Griffe mit einem Metal-Sound und wirft dann seine Gitarre nach ekstatischem Auftritt ins Publikum.

Griffe:

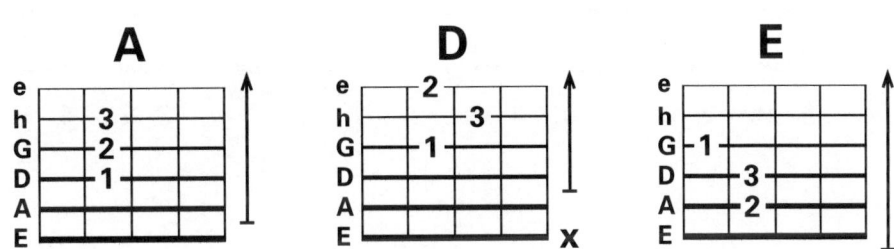

Zuerst erkläre ich dir das

Vorspiel:

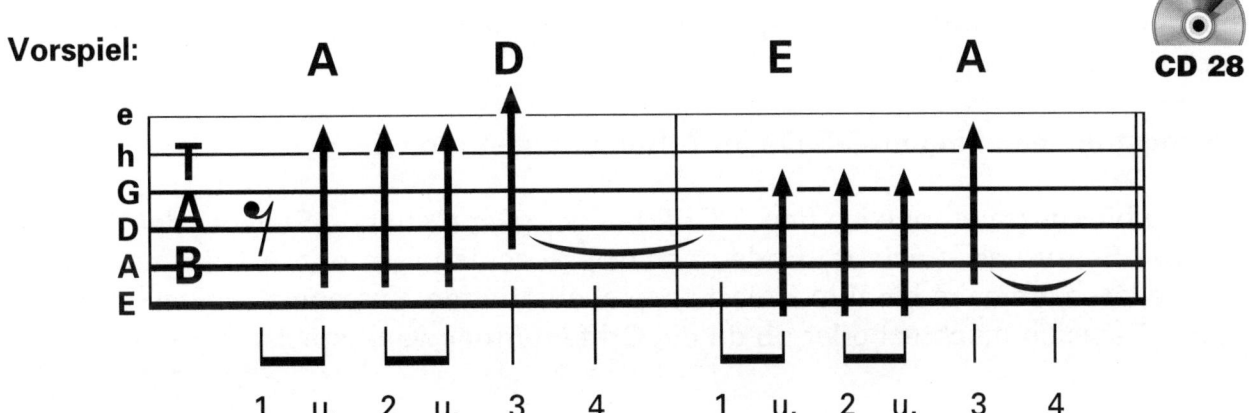

CD 28

61

Du fängst mit dem A-Griff erst bei dem Taktteil 1u. an. Du hast also am Anfang eine kurze Pause, bevor du mit der Anschlagtechnik beginnst. Den D-Griff spielst du erst beim Taktteil 3 und lässt ihn bis in den nächsten Takt hin ausklingen. Den E-Griff spielst du erst ab dem Taktteil 1u.

Falls du den Anfang rhythmisch nicht so gut spielen kannst, dann schlage doch mit dem Fuß die Zählzeiten mit. Vielleicht hilft dir das etwas.

Du kannst es dir ja immer wieder beim **CD-Beispiel 28** anhören. Hier spiele ich es dir so langsam vor, dass du dabei mitspielen und die Rhythmik üben kannst.

Das Gleiche spielst du beim Zwischen- und Nachspiel!

Jetzt fehlt noch die Anschlagtechnik für die Strophe:

Anschlagtechnik:
(s. Rock-Gitarrenbuch 1, ab Seite 31)

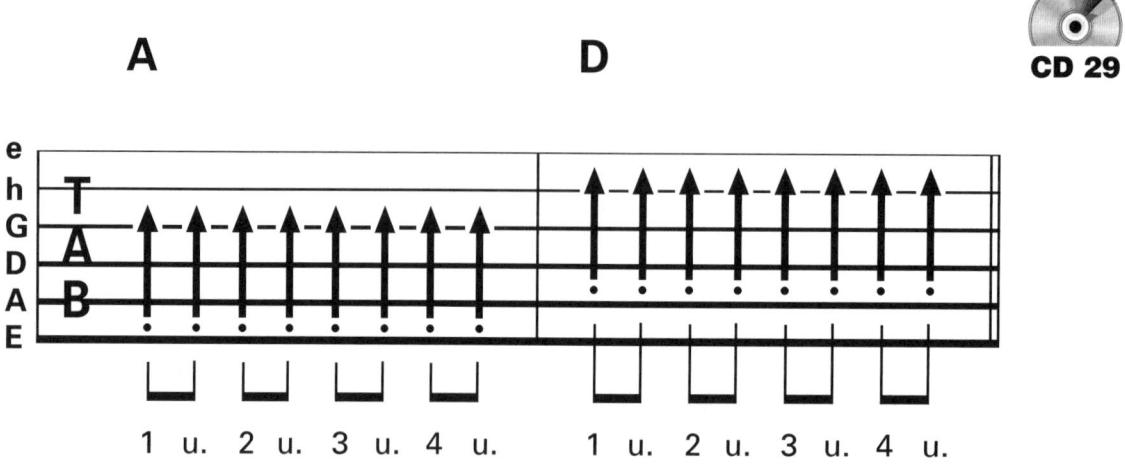

Du schlägst beim A-Griff nur die A-, D- und G-Saite an und beim D-Griff nur die D-, G- und h-Saite. Du spielst alles rhythmisch gleichmäßig hintereinander. Wenn möglich, stoppe dabei mit dem Handballen der rechten Hand die Saiten am Steg ab (s. a. *Whiskey in the jar* in diesem Buch, oder Gitarrenbuch 2 Seite 81, und Rock-Gitarrenbuch ab Seite 31).

Ich habe dir diese Anschlagtechnik beim **CD-Beispiel 29** aufgenommen. Hier hörst du auch die erste Strophe.

Anfangston beim Singen: D-Saite im 2. Bund greifen (Ton E).

Wie du hier hörst, stoppe ich den A-Griff bei der gesprochenen Stelle in der Strophe (kursive Schrift) ab. Auch am Ende der Strophe schlage ich den A-Griff nur einmal an und lasse ihn dann bis zum Zwischenspiel ausklingen. Entscheide selbst, ob du es auch so spielen möchtest oder ob du die Griffe normal weiterspielst.

Jetzt fehlt noch die wichtige Bass-Begleitung zum A-Griff in der Strophe. Und die geht so:

Bass-Begleitung:

zu A

CD 30

Du schlägst zuerst die dicke E-Saite im 4. Bund an und rutschst dann hörbar in den 5. Bund (⌒s). Das musst du doppelt so schnell spielen wie die darauf folgenden Anschläge im 5. Bund.

Höre es dir beim **CD-Beispiel 30** genau an. Du kannst diese Anschläge auch abgestoppt spielen. Entscheide selbst.

THE WHO spielen den *Summertime Blues* mit den gleichen Griffen. Du kannst also zur Originalaufnahme direkt mitspielen. EDDIE COCHRAN spielt ihn in E. Dann musst du für jedes A ein E, für jedes D ein A und für jedes E ein H oder, besser noch, ein H⁷ greifen!

Pete Townshend
(The Who)

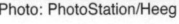

The Boxer

Simon & Garfunkel

Words & Music by Paul Simon
© Copyright 1968 Paul Simon (BMI)
International Copyright Secured.
All Rights Reserved.
Used by Permission

Vorspiel: siehe Tabulatur

    G
1. I am just a poor boy.
                G/F♯   **Em**
    Though my story's seldom told,
       D
    I have squandered my resistance,

                             G
    For a pocketful of mumbles, such are promises.
    G/F♯   **Em**   **D**   **C**
    All lies and jest, still a man hears what he wants to hear,
                  G   **D**
    And disregards the rest, mh mh mh,
               G
    Mh mh mh mh mh mh mh.

       G
2. When I left my home and my family,
            G/F♯   **Em**
    I was no more than a boy,
       D
    In a company of strangers,

                      G
    In the quiet of the railway station, running scared.
G/F♯   **Em**   **D**   **C**
Laying low, seeking out the poorer quarters,
              G
Where the ragged people go.
      D   **C**   **G**
Looking for the places, only they would know.

      Em   **Hm**
R. Lai le lai, lai le - lala lai le lai.
      Em   **D**   **G**
    Lai le lai, lai le - lala lai le - lai lala la la - lai.

         G
3. Asking only workman's wages,
              G/F♯   **Em**   **D**
  I come looking for a job, but I get no offers.

                                G
  Just a come-on from the wores, on Seventh Avenue.
G/F♯   **Em**   **D**   **C**
  I do declare, there were times, when I was so lonesome,
                      G   **D**   **G**
  I took some comfort there, lala - lalalalala

Solo: **siehe Tabulatur**

        Em   **Hm**
R. Lai le lai, lai le - lala lai le lai.
       Em   **D**   **G**
  Lai le lai, lai le - lala lai le - lai lala la la - lai.

         G
4. Then I'm laying out my winter clothes,
           G/F♯   **Em**   **D**
  And wishing I was gone, going home.

                           G
  Where the New York City winter's, aren't bleeding me.
Hm   **Em**   **D**   **G**
  Leading me-e, going home.

         G
5. In the clearing stands the boxer,
           G/F♯   **Em**   **D**
  And a fighter by his trade, and he carries the reminders,

  Of ev'ry glove that laid him down,
   G   **G**/F♯   **Em**
  Or cut him till he cried out, in his anger and his shame,
       D   **C**
  "I am leaving, I am leaving."
                     G   **D** **C** **G**
  But the fighter still remains, mh mh mh,

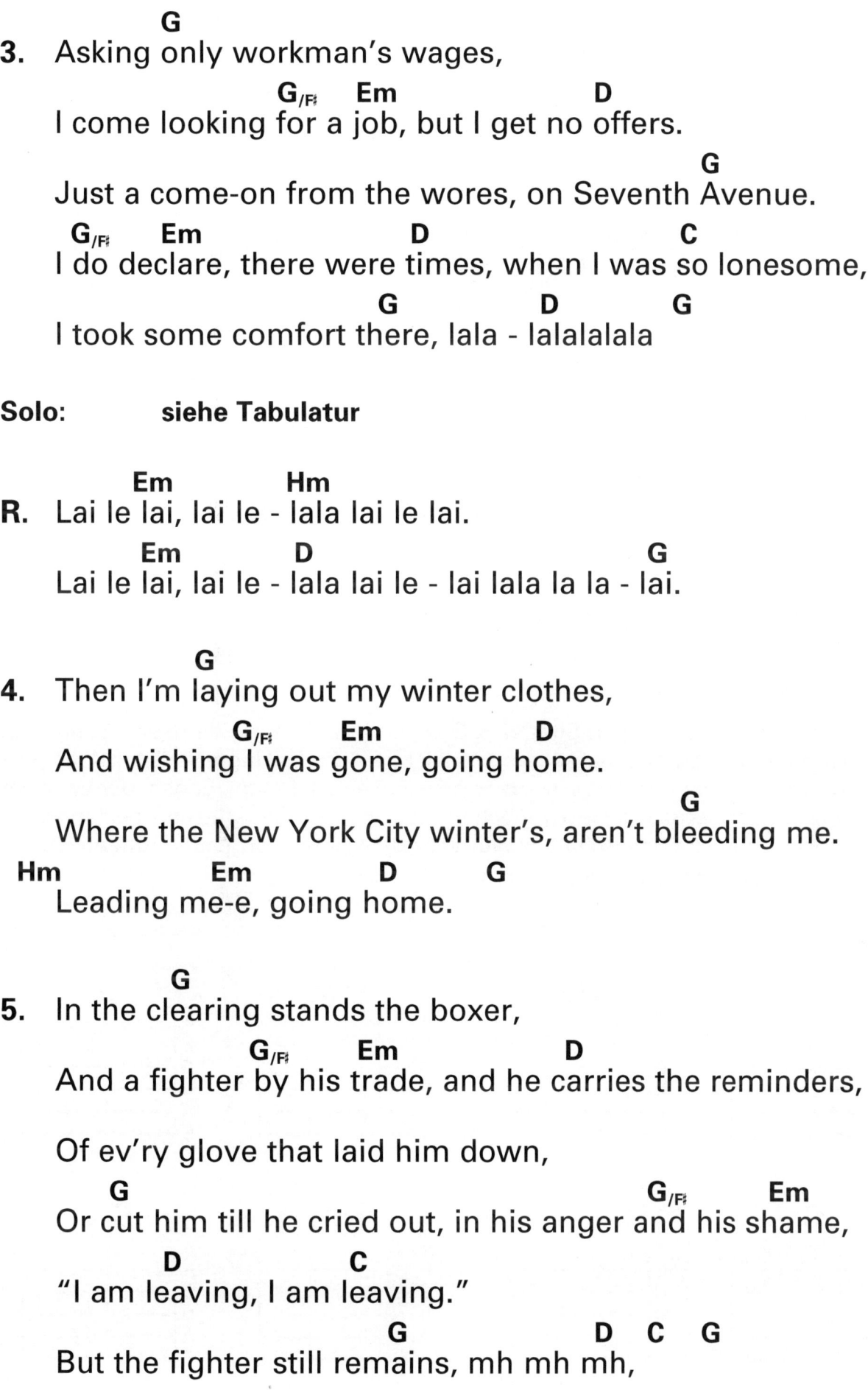

          Em   **Hm**

R. Lai le lai, lai le - lala lai le lai.

          Em   **D**   **Em**

Lai le lai, lai le - lala lai le - lai lala la la - lai.

        Hm

Lai le - lala lai le lai.

          Em   **D**   **Em**

Lai le lai, lai le - lala lai le - lai lala la la - lai.

        Hm

lai le - lala lai le lai   (usw)

Letzter Refrain:

          Em   **Hm**

Lai le lai, lai le - lala lai le lai.

          Em   **D**   **G**

Lai le lai, lai le - lala lai le - lai lala la la - lai.

Nachspiel: **die gleichen Griffe wie in der Strophe!**

The Boxer gilt für die meisten SIMON & GARFUNKEL-Fans als der beste Song, den Paul Simon je geschrieben hat. Jeder Gitarrist, der die Pickingtechnik lernt, kommt an diesem Song nicht vorbei. Es ist die Geschichte eines armen Jungen, der versucht aus seiner Situation das Beste zu machen, aber keine Unterstützung bekommt. Er bleibt einsam in einer Gesellschaft, die für Verlierer keinen Platz hat. Veröffentlicht auf dem erfolgreichen Album „Bridge over troubled water".

Griffe:

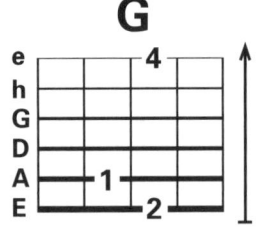 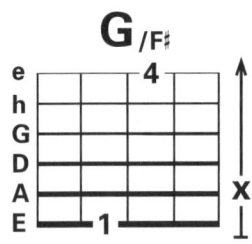 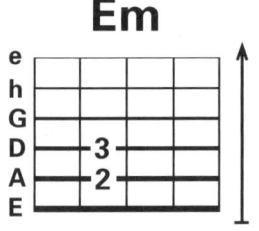 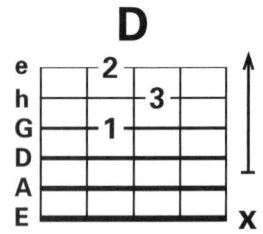

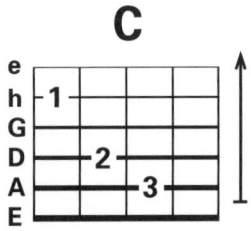 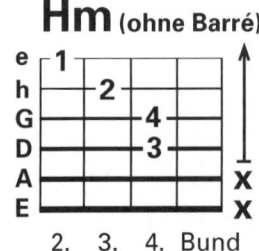 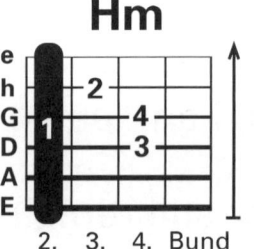 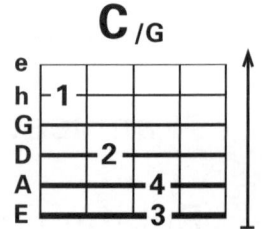

Außer dem Hm-Griff sind alle anderen Griffe für dich leicht zu greifen. Den C/G-Griff brauchst du nur bei der Pickingtechnik. Bei Hm kannst du wieder zwischen dem kleinen und großen Griff wählen. Beim G/F♯ musst du die A-Saite so abdämpfen, dass sie beim Anschlagen nicht klingt. Das machst du mit dem Zeigefinger (1), der ja die dicke E-Saite im 2. Bund greift und dabei die A-Saite berührt.
Wenn du alles gut wechseln kannst, dann probiere damit folgende

CD 31

Bassbegleitung:
(s. Gitarrenbuch Seite 29)

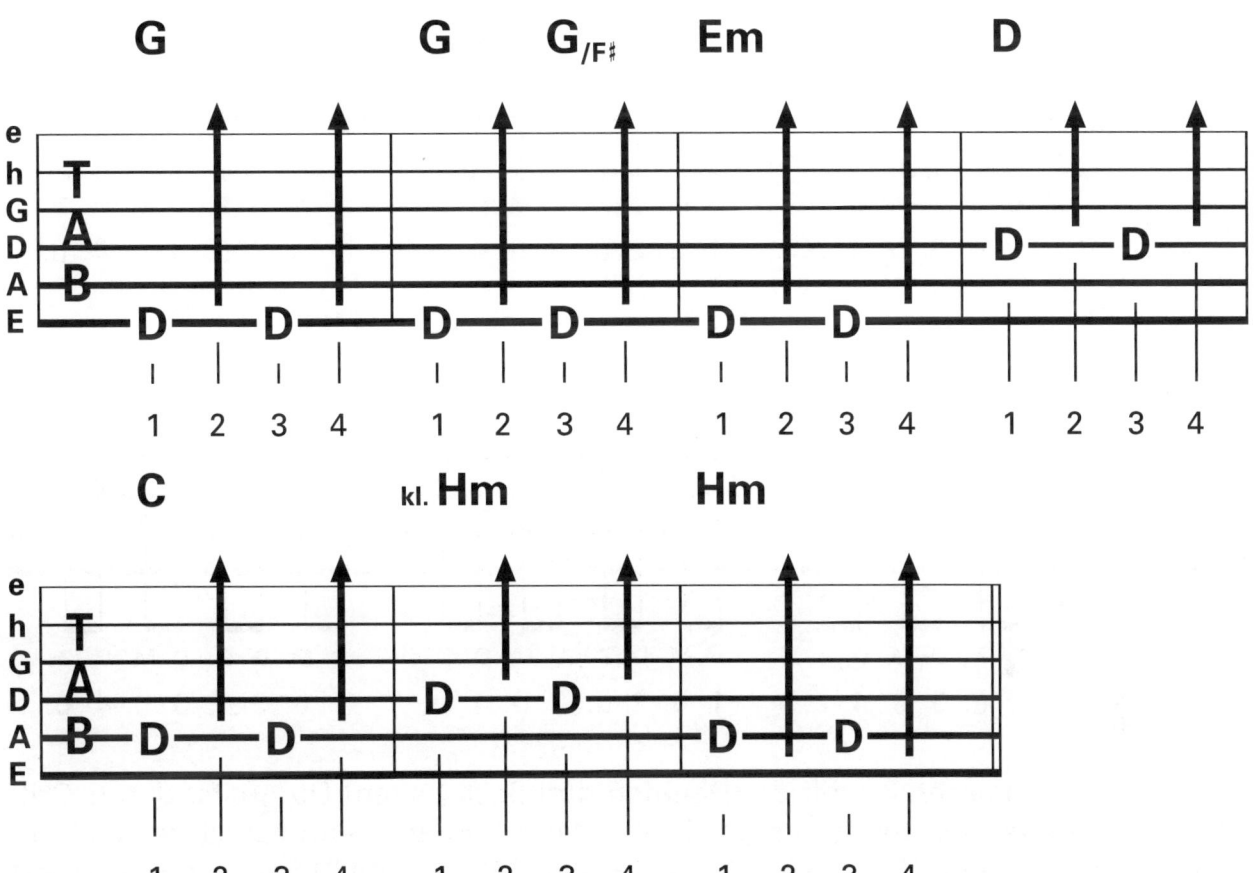

Du zupfst bei jedem Griff die entsprechende Bass-Saite und schlägst danach die restlichen Saiten an. Du startest also mit dem G-Griff, zupfst mit dem Daumen (D) der rechten Hand die dicke E-Saite und schlägst dann die restlichen Saiten, von oben nach unten hin, einmal an. Das wiederholst du. Das Gleiche machst du auch beim G/F♯- und Em-Griff. Beim D-Griff zupfst du die D-Saite als Bass-Saite und beim C-Griff die A-Saite. Bei Hm kannst du die D- oder A-Saite zupfen; je nachdem welche Griffvariante du spielen willst. Der große Hm-Griff klingt natürlich besser.

Höre dir diese Begleitung beim **CD-Beispiel 31** genau an und spiele einfach mit.

Noch schöner klingt es mit der Pickingtechnik, die PAUL SIMON spielt. Und die geht so:

Pickingtechnik:
(s. Gitarrenbuch 2, Seite 124 und Zupftechniken, ab Seite 67)

CD 32

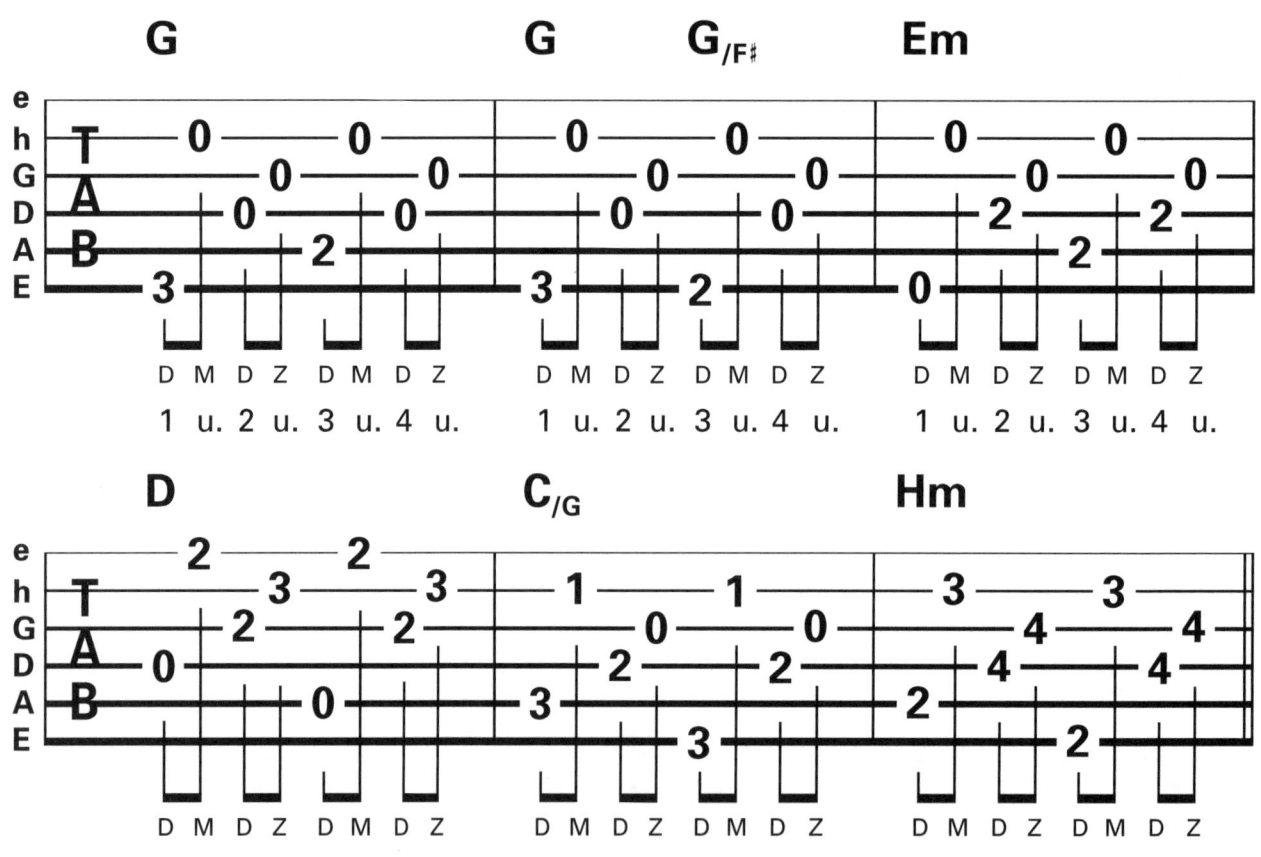

Bei dieser Pickingtechnik zupft der Daumen drei Bass-Saiten! Du greifst den G-Griff und zupfst zuerst mit dem Daumen (D) die dicke E-Saite. Dann zupfst du mit dem Mittelfinger (M) die h-Saite. Danach springt der Daumen zur D-Saite und du zupfst mit dem Zeigefinger (Z) die G-Saite. Nach dem Zeigefinger zupfst du jetzt mit dem Daumen die dritte Bass-Saite und zwar die A-Saite, dann zupfst du wieder mit dem Mittelfinger die h-Saite usw.
Du spielst alles rhythmisch gleichmäßig hintereinander.
Achte auf den G/F♯-Griff. Hier zupfst du mit dem Daumen die dicke E-Saite im 2. Bund. Und achte auf den C/G-Griff. Hier zupfst du die dicke E-Saite im 3. Bund (s. auch die Griffabbildung).
Bei dieser Zupftechnik klingt der kleine Hm-Griff nicht so gut. Übe deswegen den großen Hm-Griff und die entsprechende Pickingtechnik.

Das Ganze spiele ich dir beim **CD-Beispiel 32** schön langsam vor. Hier hörst du auch die erste Strophe und den Refrain.

Anfangston beim Singen: leere D-Saite anspielen!

Jetzt fehlt noch das schöne Vorspiel. Hier ist es:

Vorspiel:

CD 33

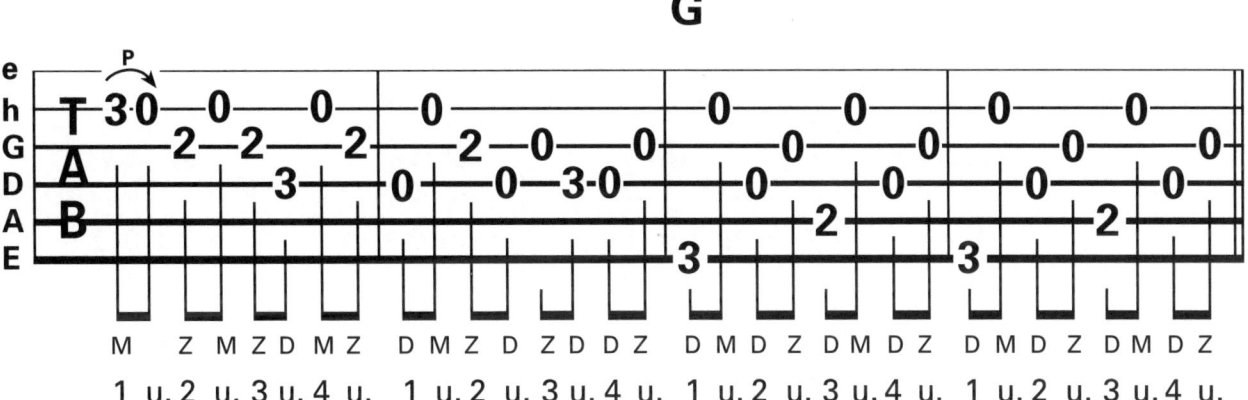

Du beginnst mit einem Pull-Off (P). Dabei greifst du die h-Saite mit dem Ringfinger der linken Hand, zupfst sie mit dem Mittelfinger (M) der rechten Hand und ziehst den gegriffenen Finger danach so nach unten weg, dass die h-Saite von alleine klingt (s. a. mein Rock-Gitarrenbuch). Danach zupfst du mit dem Zeigefinger die G-Saite, die du im 2. Bund mit dem Mittelfinger greifst. Dann zupfst du wieder die h-Saite usw.

Höre dir das Vorspiel beim **CD-Beispiel 33** genau an. Hier spiele ich es dir so langsam wie möglich vor.

Nach der 3. Strophe spielen SIMON & GARFUNKEL ein markantes Solo. Es wird von einer Pedal-Steel-Gitarre gespielt. Ich habe es dir hier in deine Pickingtechnik eingearbeitet.

Solo:

CD 34

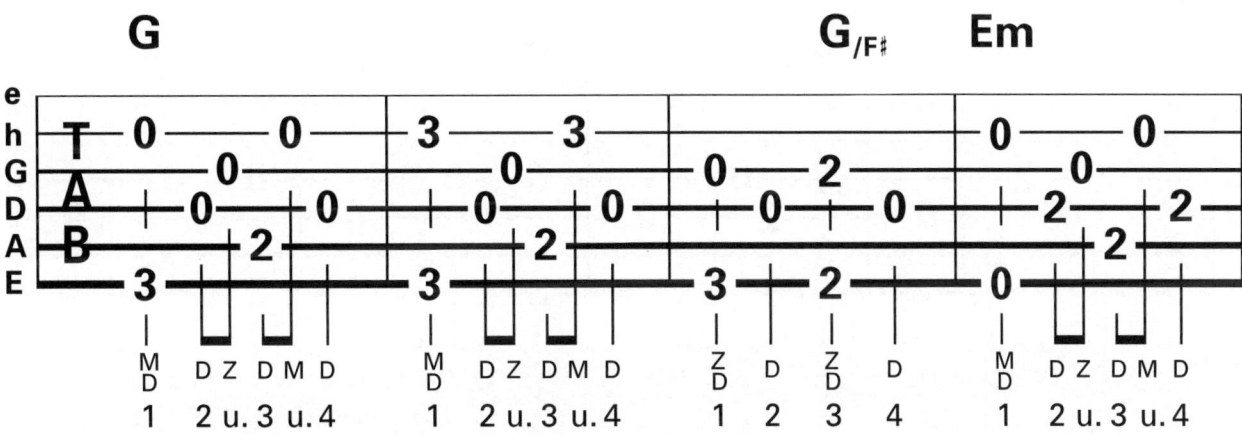

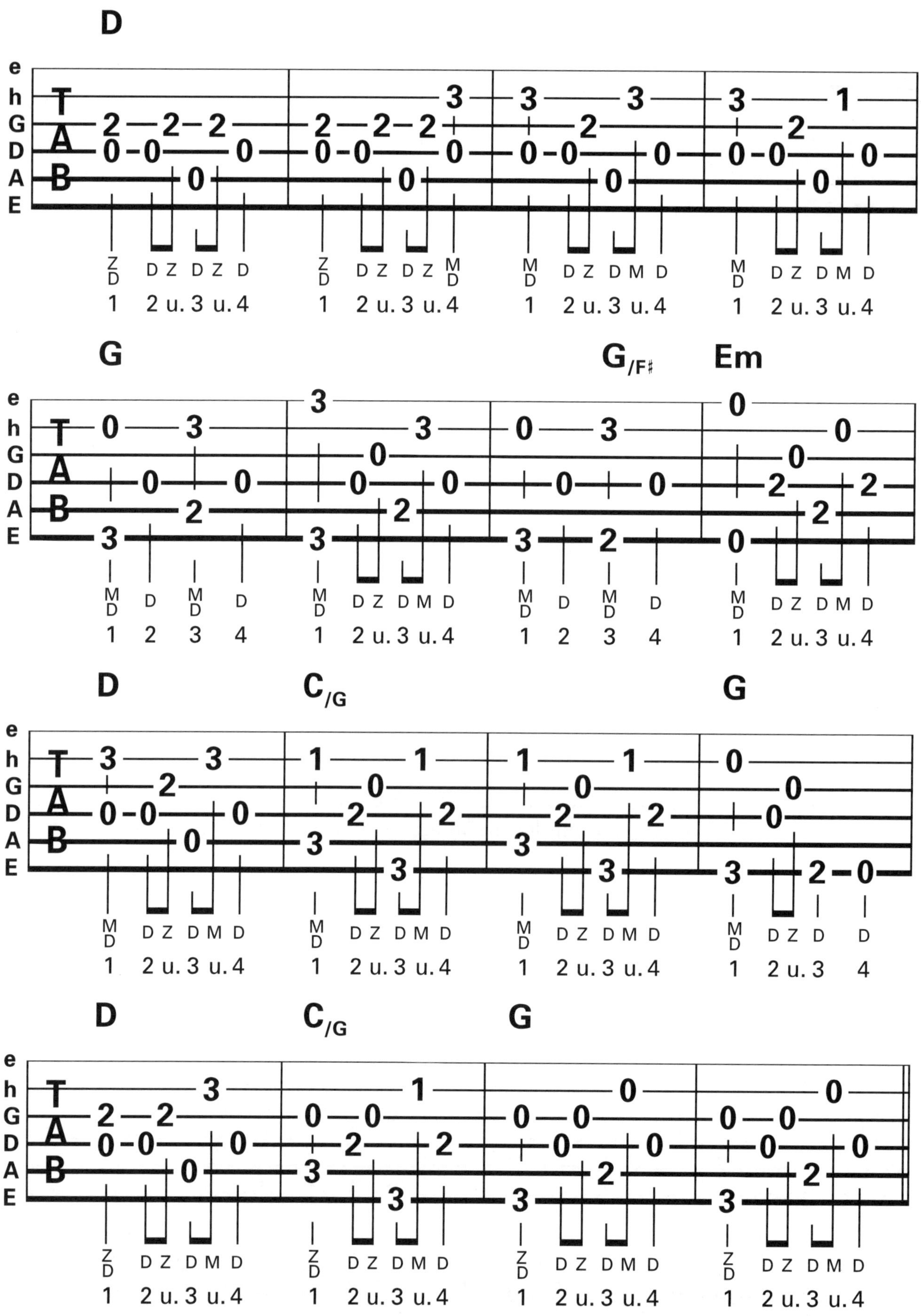
D
G G/F♯ Em
D C/G G
D C/G G
TAB
e h G D A E

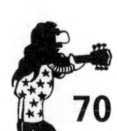

Du kannst es dir beim **CD-Beispiel 34** anhören. Ich habe es dir hier entsprechend langsam aufgenommen.

SIMON & GARFUNKEL spielen *The Boxer* in H. Befestige deinen Kapodaster im 4. Bund und du kannst sofort zur Originalaufnahme mitspielen. Falls du die Live-Aufnahme vom Central Park in New York hast, dann befestige Deinen Kapodaster im 6. Bund. Hier spielen SIMON & GARFUNKEL den Song in C#. Bei den Solo-Konzerten spielt PAUL SIMON den Song in C. Dafür musst du den Kapodaster im 5. Bund befestigen. Viel Spaß!

Paul Simon

Photo: PhotoStation/Heeg

Dreamer

Ozzy Osbourne

Vorspiel: C / C / C / C   (2x)

```
    C                                       Am
1.  Gazing through the window at the world outside,
    C                               Am
    Wondering will mother earth survive.
    F                         Dm              G   (G⁴ G)
    Hoping that mankind will stop abusing her, sometime.
```

```
    C                          Am
2.  After all there's only just the two of us,
         C                           Am
    And here we are still fighting for our lives.
    F                    Dm                   G    (G⁴ G)
    Watching all of history repeat itself, time after time.
```

```
              C        Am            Em  G
R.  I'm just a dreamer, I dream my life away.
              C          Am           Em    G
    I'm just a dreamer, who dreams of better days.
```

```
       C                             Am
3.  I watch the sun go down like everyone of us,
        C                              Am
    I'm hoping that the dawn will bring a sign.
     F                             Dm         G   (G⁴ G)
    A better place for those who will come after us, this time.
```

```
              C       Am          Em      G
R.  I'm just a dreamer, I dream my life away, oh yeah.
              C          Am          Em    G
    I'm just a dreamer, who dreams of better days.
```

72

       Dm   **G**   **(G⁴ G)**

B. Your higher power may be God or Jesus Christ,

       Dm   **G**   **(G⁴ G)**

   It doesn't really matter much to me.

       Dm   **G**   **(G⁴ G)**

   Without each other's help there ain't no hope for us,

       Dm   **G**   **C**

   I'm living in a dream, a fantasy, oh yeah, yeah, yeah.

Solo: C / Am / C / Am / C / Am / Em / G

Zwischenspiel: C C/B / C/A C/G♯ (2x)

       C   **Am**

3. If only we could all just find serenity,

      C   **Am**

   It would be nice if we could live as one.

F   **Dm**   **G**   **(G⁴ G)**

   When will all this anger, hate and bigotry, be gone?

             C   **Am**   **Em**   **G**

R. I'm just a dreamer, I dream my life away, today

            C   **Am**   **Em**   **G**

   I'm just a dreamer, who dreams of better days, okay.

            C   **Am**   **Em**   **G**

   I'm just a dreamer, who's searching for the way, today

            C   **Am**   **Em**

   I'm just a dreamer, dreaming my life away,

     G   **C**

   oh yeah, yeah, yeah.

Musik & Text: Marti Frederiksen, John Ozzy Osbourne & Mick Jones
© 2000 by Pearl White Music/EMI Blackwood Music Inc./Monowise Ltd./
EMI Virgin Music Inc./Somerset Songs Publishing Inc. This arrangement
© 2004 All Rights for PEARL WHITE MUSIC Controlled and Administered
by EMI BLACKWOOD MUSIC INC. All Rights for MONOWISE LTD. Con-
trolled and Administered by EMI VIRGIN MUSIC, INC. All Rights Reser-
ved. International Copyright Secured. Used by Permission. Rechte für
Deutschland, Österreich, Schweiz und Osteuropa (außer Baltikum): EMI
Music Publishing Germany GmbH & Co. KG, Hamburg; EMI Virgin Music
Publishing Germany GmbH & Co. KG, Hamburg

Zwischenspiel: C C/B / C/A C/G♯ (2x)

OZZY OSBOURNE, einst Sänger der Kultband BLACK SABBATH, wurde durch die MTV-Fernsehserie *The Osbournes* berühmt. Weltweit sahen jede Woche während der erfolgreichsten Phase über 10 Millionen Zuschauer die „Reality-Soap" über das Familienleben von Ozzy, seiner Frau Sharon, den Kindern Kelly und Jack und dem Hund „Doggy".

Mit der Ballade *Dreamer*, die sehr an John Lennon's *Imagine* (s. Songbuch 1) erinnert, kam er in vielen Ländern auf Platz 1 der Hitparaden. Da er ja aus der härteren Rockszene kommt, konnte er sich mit diesem Song „vom Traum einer besseren Welt" ein neues Publikum gewinnen.

Griffe:

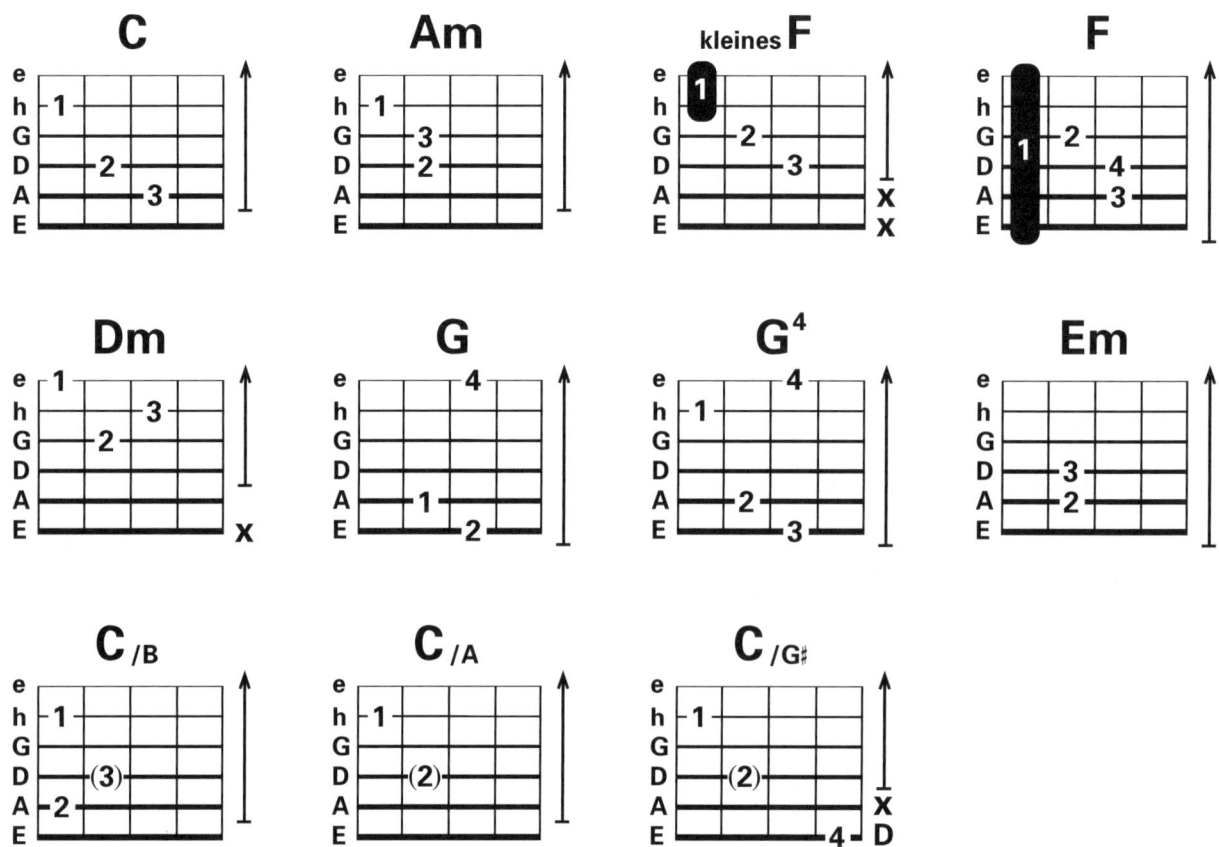

Falls du F mit dem großen Barré noch nicht so gut greifen kannst, dann spiele den kleinen F-Griff. Zur Vereinfachung kannst du die Griffe in den Klammern über dem Text weglassen. Falls du das Zwischenspiel mitspielen möchtest, dann kannst du bei der hier erklärten Zupftechnik, auch die Finger in den Klammern bei den Griffen C/B , C/A und C/G♯ einfach weglassen. Wenn du alles gut greifen und wechseln kannst, dann versuche folgende Zupftechnik:

Zupftechnik:
(s. auch Gitarrenbuch 2, ab Seite 47 und Zupftechniken, ab Seite 61)

CD 35

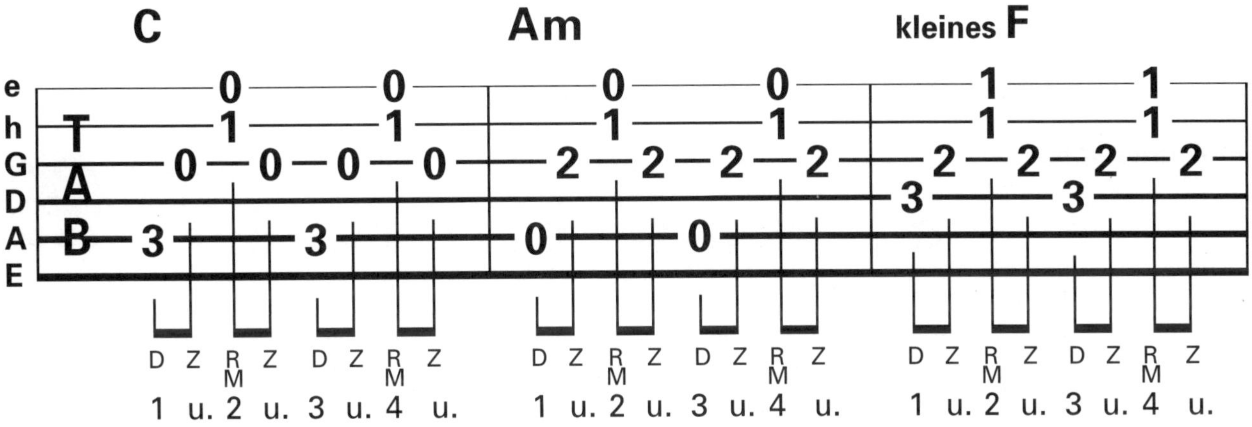

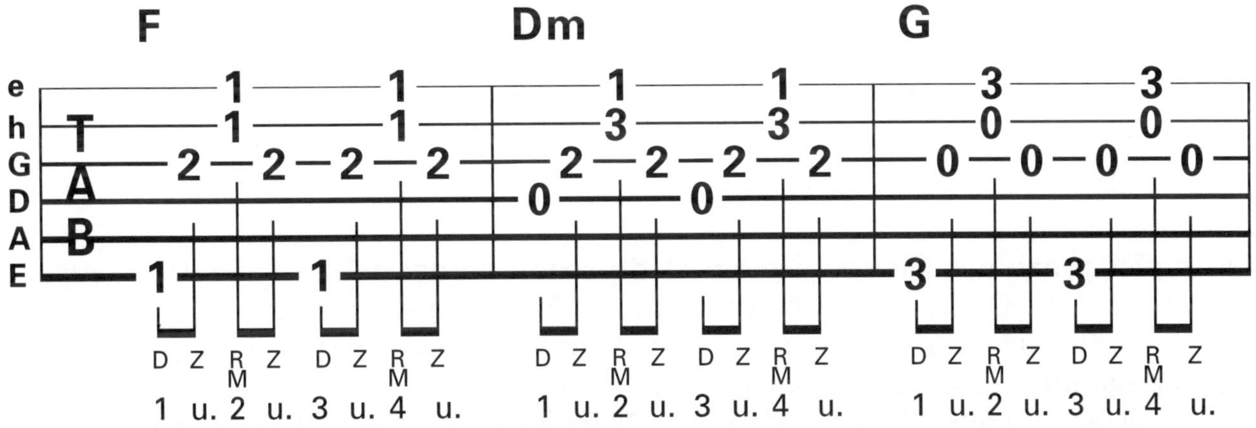

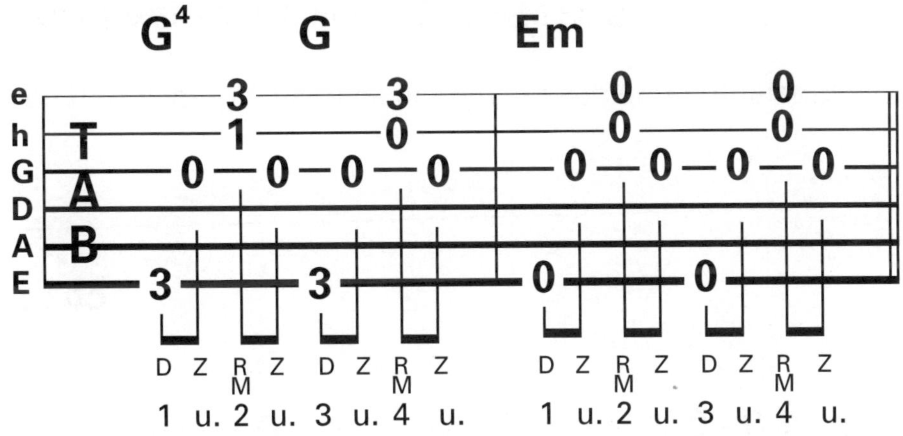

Das ist eine 4-Finger-Zupftechnik. Du startest zuerst mit dem Daumen (D) und zupfst zu jedem Griff die entsprechende Bass-Saite. Dann zupfst du mit dem Zeigefinger (Z) die G-Saite, mit dem Mittel- (M) und Ringfinger (R) gleichzeitig die h- und dünne e-Saite und danach wieder mit dem Zeigefinger die G-Saite. Rhythmisch spielst du alles gleichmäßig hintereinander. Diese Zupftechnik ist bei allen Griffen gleich.
Höre dir dazu das **CD-Beispiel 35** an. Hier spiele ich dir mit dieser Zupftechnik die erste Strophe, den Refrain und den B-Teil schön langsam vor.
Anfangston beim Singen: E-Saite im 3. Bund greifen (Ton G, eine Oktave tiefer als im Original).

Falls Du den G⁴-Griff mitspielen willst, dann greife vorher den normalen G-Griff etwas anders. Du lässt den Zeigefinger frei und greifst direkt mit dem Mittelfinger (2) im 2. Bund der A-Saite, mit dem Ringfinger (3) im 3. Bund der dicken E-Saite und mit dem kleinen Finger (4) im 3. Bund der dünnen e-Saite. Jetzt hast du es wesentlich leichter vom G- zum G4-Griff zu wechseln.

Falls du das Zwischenspiel mitspielen möchtest, dann versuche folgendes:

Zwischenspiel:

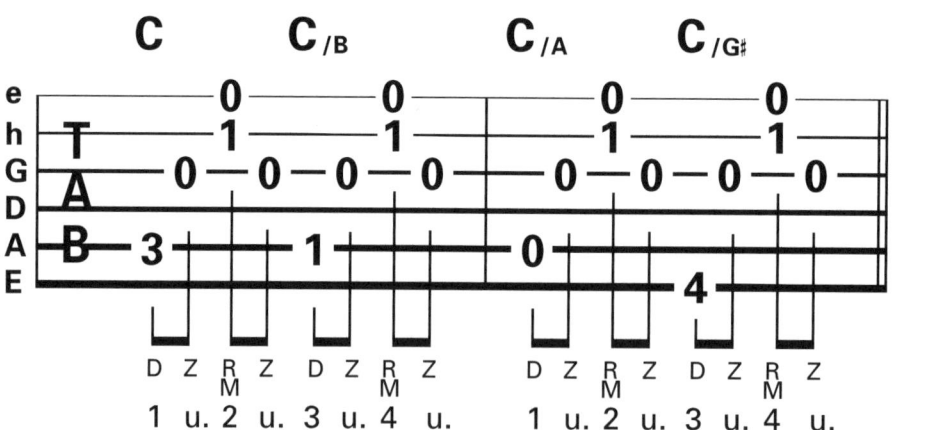

Du zupfst genau das Gleiche wie ich es dir schon vorher erklärt habe. Du brauchst also nur auf die Griffwechsel und die richtigen Basstöne zu achten.
Zur Vereinfachung greife hier nur mit dem Zeigefinger der linken Hand in den 1. Bund der h-Saite und zusätzlich die entsprechenden Basstöne.
Ich spiele es dir beim **CD-Beispiel 36** zum Mitspielen entsprechend langsam vor.
Dieses Zwischenspiel spielst du nach dem Solo und dem letzten Refrain, jeweils 2x.

Am Anfang spielt auf der Originalaufnahme das Klavier ein schönes Vorspiel. Auf der Gitarre klingt das so:

Vorspiel:

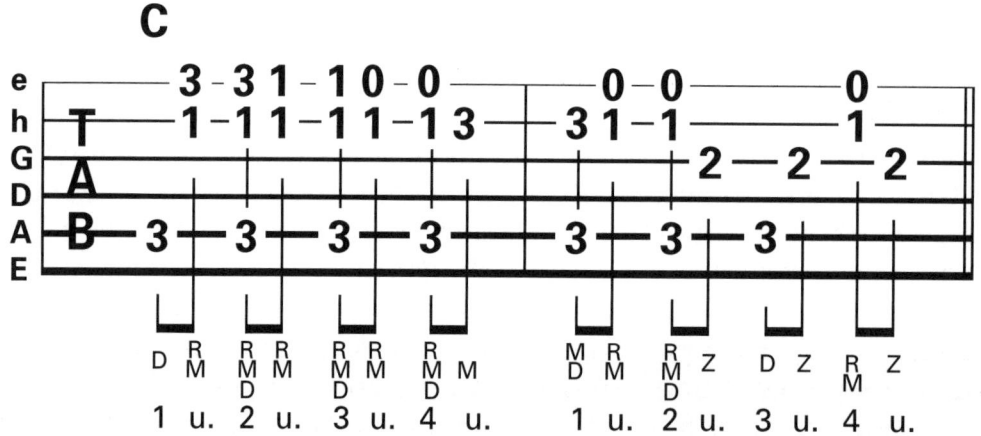

76

Du startest mit dem C-Griff und greifst zusätzlich mit dem kleinen Finger die dünne e-Saite im dritten Bund. Jetzt zupfst du zuerst mit dem Daumen (D) die A-Saite als Bass-Saite. Danach zupfst du gleichzeitig mit dem Mittel-(M) und Ringfinger (R) die h- und dünne e-Saite. Beim Taktteil 2 zupfst du die Bass-Saite und die beiden dünnen Saiten gleichzeitig.

Dann greifst du mit dem Zeigefinger der linken Hand die beiden dünnen Saiten (h und e) gleichzeitig im 1. Bund, das heißt Barré. Wie beim kleinen F-Griff. Jetzt zupfst du bei diesem Griff nur die beiden dünnsten Saiten usw.

Achte beim Taktteil 4u. darauf, dass du hier mit dem kleinen Finger die h-Saite im 3. Bund greifst.

Höre dir dieses schöne Vorspiel beim **CD-Beispiel 37** genau an.

Du spielst es insgesamt zweimal.

Jetzt fehlt nur noch das tolle Solo. Hier ist es:

Solo:

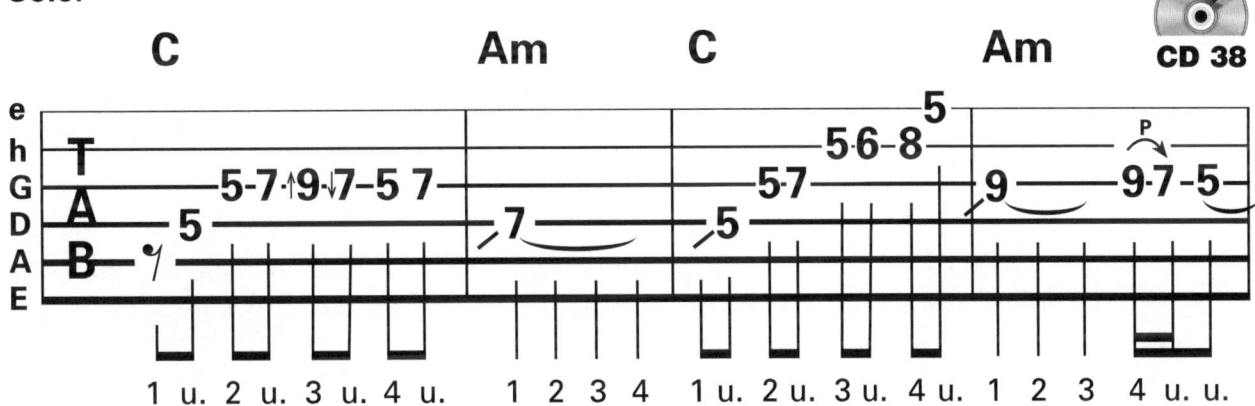

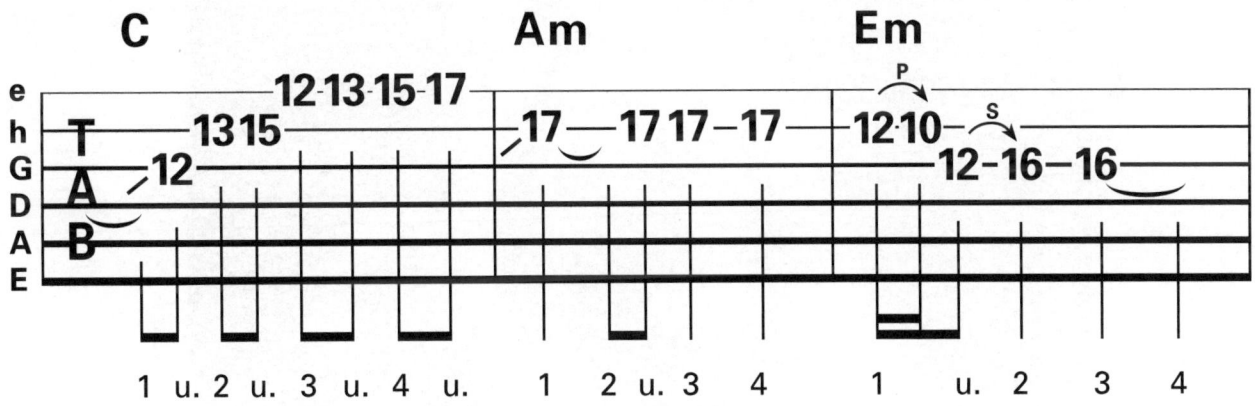

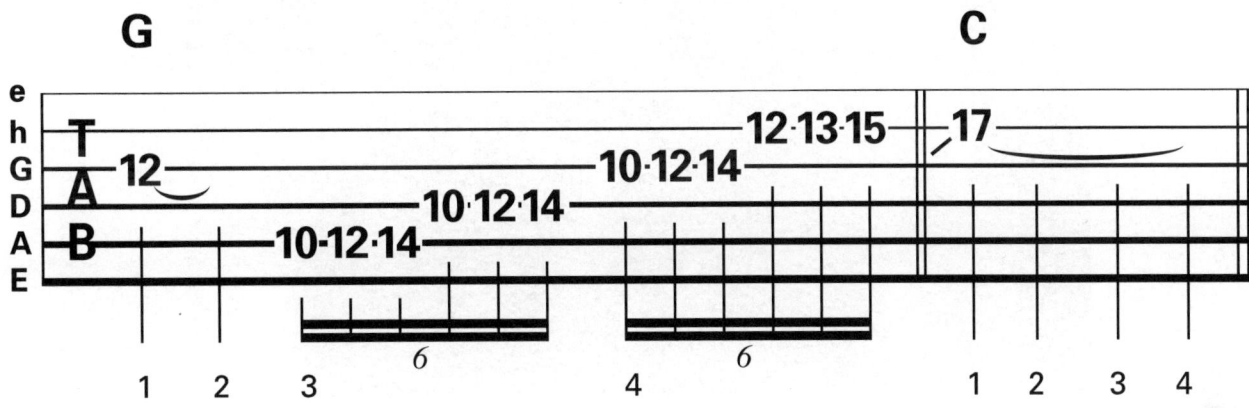

Falls du zu harte Saiten spielst und sie nicht so gut dehnen kannst, dann greife bei den entsprechenden Stellen die richtigen Bünde. Ich drücke (dehne) z. B. im ersten Takt die G-Saite im 7. Bund so hoch, dass sie wie im 9. Bund klingt (7↑9). Hier kannst du also auch die entsprechenden Töne im 7. und dann im 9. Bund anschlagen usw.

Die Schrägstriche (╱) bedeuten, dass Du in den darauf folgenden Bund hinein rutschst.

9^P7 bedeutet: Du greifst die entsprechende Saite im 7. und 9. Bund. Jetzt schlägst du sie im 9. Bund an und ziehst (pull) den Finger im 9. Bund so nach unten weg, dass die Saite ohne anzuschlagen im 7. Bund klingt.

12^S16 bedeutet: Du schlägst die Saite im 12. Bund an und rutschst dann hörbar (slide) in den 16. Bund.
(s. auch meine Rock-Gitarrenbücher im Voggenreiter Verlag)

Ich habe dir dieses Solo beim **CD-Beispiel 38** besonders langsam aufgenommen, damit du den sonst zu schnellen vorletzten Takt gut üben kannst.
Du hörst auf einem Stereokanal des CD-Beispiels die Rhythmusgitarre und auf dem anderen das Solo. Jetzt kannst du dir mit dem Balanceregler deiner Stereoanlage das Solo oder die Rhythmusgitarre lauter regeln. Viel Spaß!

OZZY OSBOURNE spielt *Dreamer* einen halben Ton höher. Befestige deinen Kapodaster im 1. Bund und du kannst sofort zur Originalaufnahme mitspielen.

Ozzy Osbourne

Photo: PhotoStation/Heeg

Fields of gold

Eva Cassidy, Sting

Words & Music by Sting
© 1992 Magnetic Publishing Ltd/EMI Music Publishing Ltd.
All Rights Reserved.

Vorspiel: Em Em$_{/D}$ / C / G G^4

    G   Em   C

1. You remember me when the west wind moves,

                    D   G

Among the fields of barley.

               Em   C   G

You can tell the sun in his jealous sky,

           C   D   G

When we walked in fields of gold.

               Em   C

2. So she took her love for to gaze a while,

                  D   G

Among the fields of barley.

             Em   C   G

In his arms she fell as her hair came down,

     C   D   G

Among the fields of gold.

             Em   C

3. Will you stay with me, will you be my love,

                  D   G

Among the fields of barley.

               Em   C   G

And you can tell the sun in his jealous sky,

           C   D   G

When we walked in fields of gold.

 C^9 D   G

R. I never made promises lightly,

 C^9

There have been some that I have broken,   D   G

 C^9 D   Em

But I swear in the days still left,

          C   D   Em

We'll walk in fields of gold,

          C   D   G

We'll walk in fields of gold.

79

Zwischenspiel: Em Em$_{/D}$ / C / G G^4 / G

   C^9 D   G
R. I never made promises lightly,
   C^9 D   G
   There have been some that I have broken,
   C^9 D   Em
   But I swear in the days still left,
              C   D   Em
   We'll walk in fields of gold,
              C   D   G
   We'll walk in fields of gold.

              Em   C
4. Many years have passed, since those summer days,
                 D   G
   Among the fields of barley.
             Em   C   G
   See the children run, as the sun goes down,
            C   D   G
   As you lie in fields of gold.

              Em   C
5. You remember me when the west wind moves,
                 D   G
   Among the fields of barley.
             Em   C   G
   You can tell the sun in his jealous sky,
            C   D   G
   When we walked in fields of gold,
            C   D   Em
   When we walked in fields of gold,
            C   D   G
   When we walked in fields of gold.

Nachspiel: Em Em$_{/D}$ / C / G G^4 / G

EVA CASSIDY, eine junge Sängerin und Gitarristin aus Washington D.C., hörte *Fields of gold* von STING zum ersten Mal auf einer Kassette im Autoradio. Sie war so begeistert von diesem Song, dass sie eine eigene Version mit dem Gitarristen ihrer Band ausarbeitete und auf ihrer ersten CD aufnahm. Alle, die diese Version von ihr hörten, waren so ergriffen, dass sie Tränen in den Augen hatten. Selbst STING war so bewegt von ihrer Stimme, dass er meinte, diese Version wäre wohl die beste Coverversion, die er je gehört hätte. Weniger als 6 Monate nach der Veröffentlichung ihres Albums starb EVA tragischerweise an Hautkrebs. Leider hat sie den riesigen Erfolg ihrer CD nicht mehr miterleben können. Aus ihrer Platte wurde ein Gold-Album und „ihr" *Fields of gold* war die Nr. 1 der Hitparade in vielen Ländern.

Griffe:

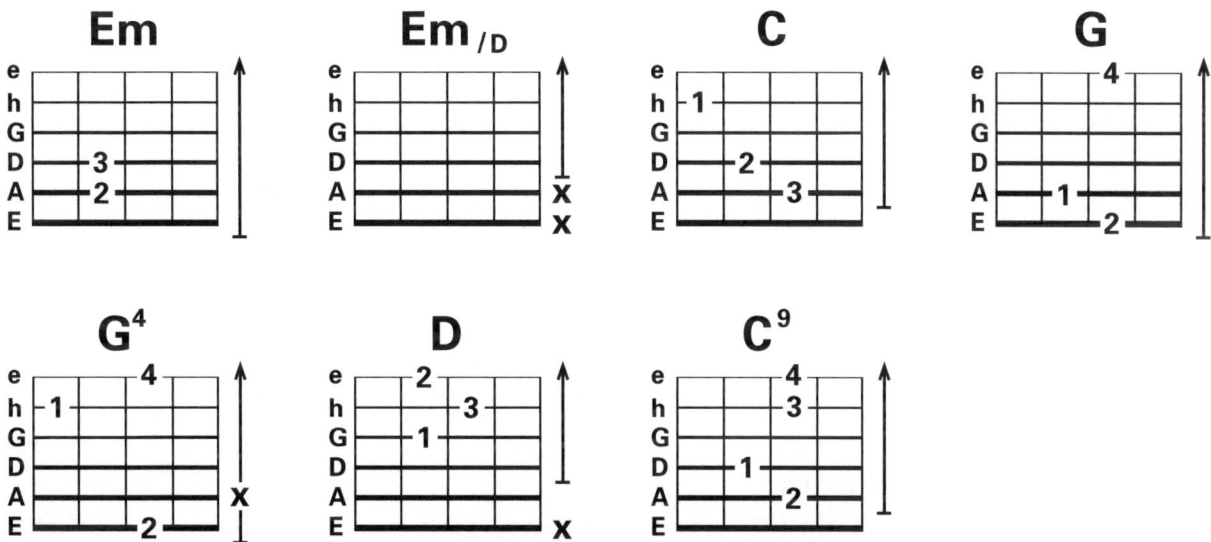

Bei Em/D spielst du nur die vier dünnen Saiten. Deswegen brauchst du hier gar nicht zu greifen. Das ist der einfachste Gitarrengriff der Welt! Bei G⁴ stoppst du mit dem Mittelfinger (2) die A-Saite ab (s. a. die Erklärungen bei „Take ist easy" in diesem Buch).
Du spielst mit diesen Griffen folgende Zupftechnik.

Zupftechnik:
(s. Gitarrenbuch 2 Seite 47 und
Zupftechniken für Gitarre ab Seite 61)

CD 39

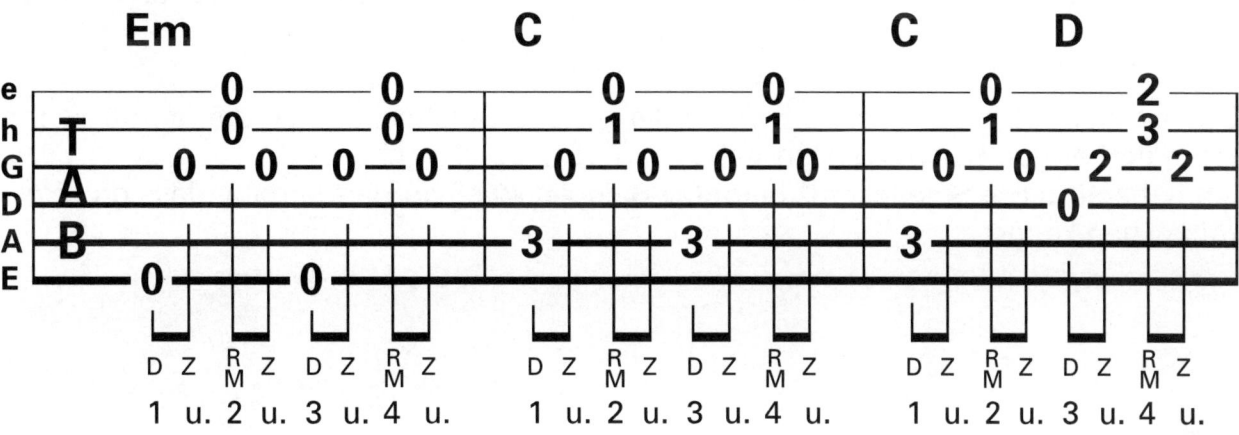

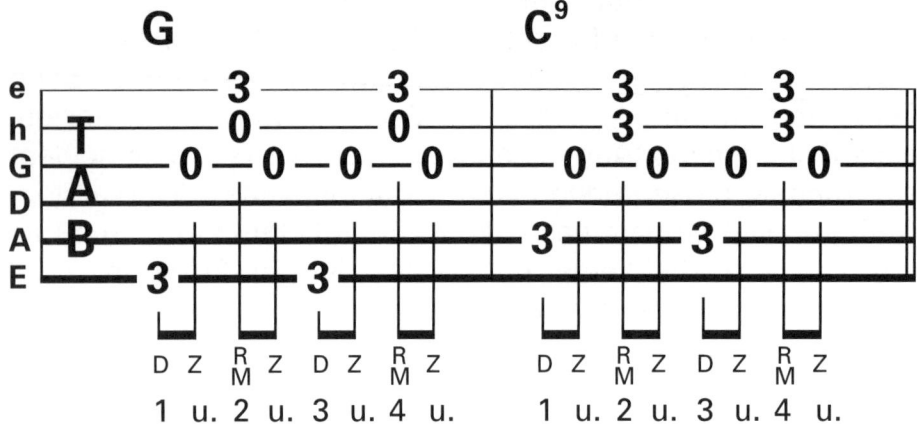

Du zupfst hier bei allen Griffen zuerst mit dem Daumen die jeweilige Bass-Saite. Dann mit dem Zeigefinger (Z) die G-Saite. Danach mit dem Mittel- (M) und Ringfinger (R), zusammen die h- und dünne e-Saite und mit dem Zeigefinger wieder die G-Saite. Das ist bei allen Griffen gleich!

Ich spiele dir diese Zupftechnik beim **CD-Beispiel 39** entsprechend langsam vor. Hier hörst du auch die erste Strophe und den Refrain.

Anfangston beim Singen: leere G-Saite anspielen!

Jetzt fehlt noch das schöne Vor-, Zwischen- und Nachspiel.

Vor-, Zwischen- und Nachspiel:

CD 40

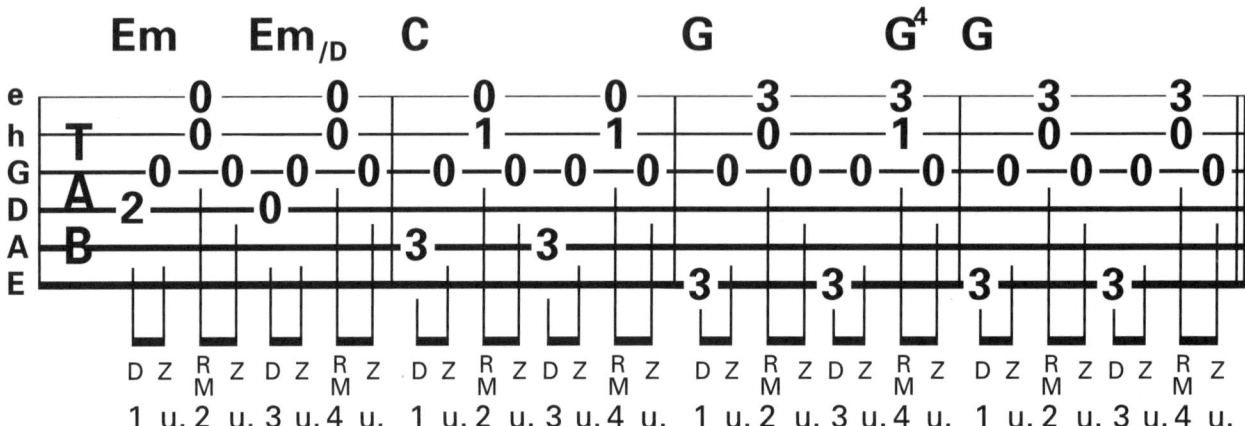

Das ist nicht schwer für dich, weil es die gleiche Spieltechnik ist, die ich dir schon beim vorherigen Beispiel erklärt habe.
Ich habe dir diese Spieltechnik beim **CD-Beispiel 40** so aufgenommen, dass du direkt mitspielen kannst.

82

STING spielt in seiner Originalversion ein wunderschönes Gitarrensolo. Ich habe es dir hier für die EVA CASSIDY-Version umgeschrieben. Und das geht so:

Solo:

CD 41

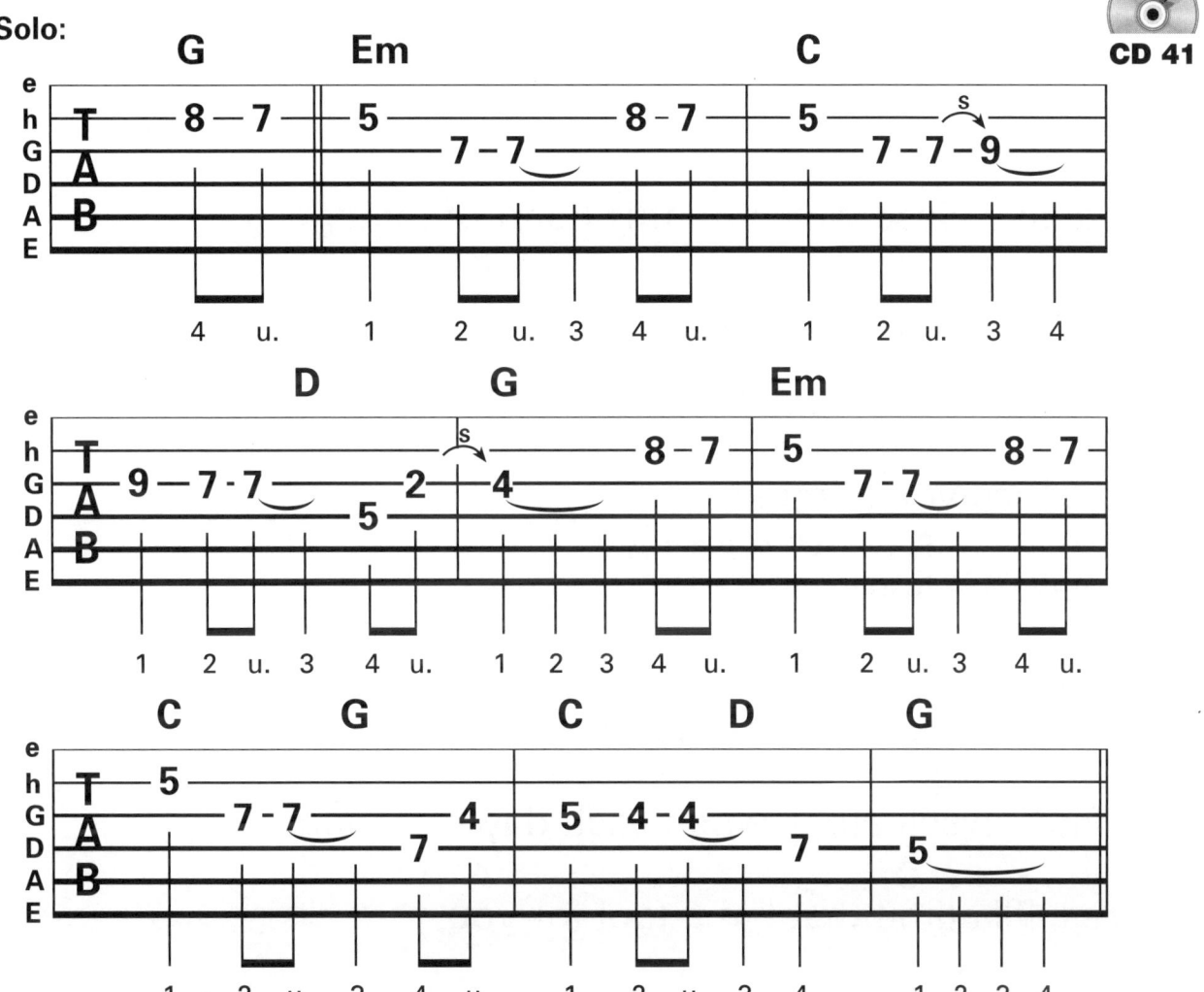

Es fängt mit einem Auftakt an. Hier greifst du mit dem kleinen Finger der linken Hand in den 8. Bund der h-Saite und spielst diesen Ton an. Dann greifst du mit dem Ringfinger in den 7. Bund und mit dem Zeigefinger in den 5. Bund der h-Saite usw.

Achte auf die Haltebögen (⌣) und die Slides (⌒s). Bei den Slides (Rutscher) schlägst du z. B. die G-Saite im 7. Bund an und rutschst hörbar in den 9. Bund (7ˢ9).

Ich spiele dir das ganze Solo beim **CD-Beispiel 41** zum Üben entsprechend langsam vor. Hier hörst du die gezupfte Begleitung auf der einen Seite (die Griffe stehen über der Tabulatur) und das Solo auf der anderen Seite deiner Stereoanlage. Wenn du einen Balanceregler an deiner Stereoanlage hast, dann kannst du dir die eine oder andere Seite leiser oder lauter drehen. Mit dem Kopfhörer geht das genauso. Du brauchst nur den Hörer auf der einen oder anderen Seite etwas vom Ohr weg schieben.

EVA CASSIDY spielt *Fields of gold* einen Ton höher. Befestige deinen Kapodaster im 2. Bund und du kannst sofort zur Originalaufnahme mitspielen. Falls du die Originalaufnahme von STING hast, dann greifst du für jedes G ein D, für Em ein $H^{7/9}$, für C^9 ein G^9 und für G^4 ein D^4. Viel Spaß!

I walk the line

Johnny Cash

Words and Music by Johnny Cash
© 1956 Hi-Lo Music Inc.
Administered by Unichappell Music
Inc, USA. Warner/Chappell North
America Ltd, London W6 8BS.
Reproduced by permission of Faber
Music Ltd. All Rights Reserved

Vorspiel: A / D / A / E / H⁷ / E / E / E / E

              H⁷   E
1. I keep a close watch on this heart of mine,

         H⁷   E
I keep my eyes wide open all the time.

        A   E
I keep the ends out for the tie that binds,

             H⁷
Because you're mine,

    E   A / A / A / A
I walk the line.

          E   A
2. I find it very, very easy to be true,

        E   A
I find myself alone when each day is through.

        D   A
Yes, I'll admit that I'm a fool for you,

         E
Because you're mine,

    A   D / D / D / D
I walk the line.

        A   D
3. As sure as night is dark and day is light,

        A   D
I keep you on my mind both day and night.

        G   D
And happiness I've known proves that it's right,

          A
Because you're mine,

    D A / A / A / A
I walk the line.

84

4.
             E   A
You've got a way to keep me on your side,

             E   A
You give me cause for love that I can't hide.

             D   A
For you I know I'd even try to turn the tide,

                E
Because you're mine,

          A E / E / E / E
I walk the line.

5.
             H^7 E
I keep a close watch on this heart of mine,

            H^7 E
I keep my eyes wide open all the time.

            A   E
I keep the ends out for the tie that binds,

              H^7
Because you're mine,

             E
I walk the line.

Man nannte ihn „The Man In Black". JOHNNY CASH war einer der wichtigsten Vertre-
ter der Country-Szene. Er nahm mit seiner sonoren Stimme über 1500 Songs auf und
verkaufte über 50 Millionen Platten und CDs. Alleine von *I walk the line* gibt es mittler-
weile über 100 veröffentlichte Cover-Versionen. Er war ein Sympathisant der Außen-
seiter der Gesellschaft. Man denke nur an seinen ersten Hit *Folsom Prison Blues* und
seine legendären Gefängnis-Auftritte. Für die jüngere Generation wurde er, vor allem
in den letzten Jahren vor seinem Tod, zur Kultfigur. Er starb am 12. September 2003.

Griffe:

A
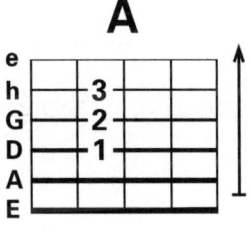

D
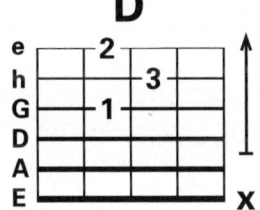

E
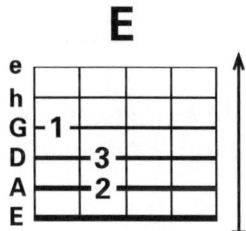

H^7

G
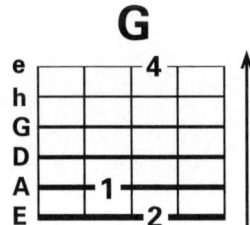

Diese Griffe sind leicht zu
greifen. Spiele damit fol-
gende Bassbegleitung.

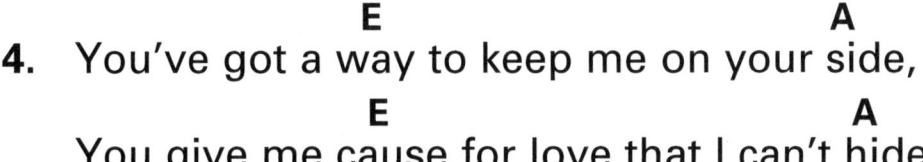

Bassbegleitung:

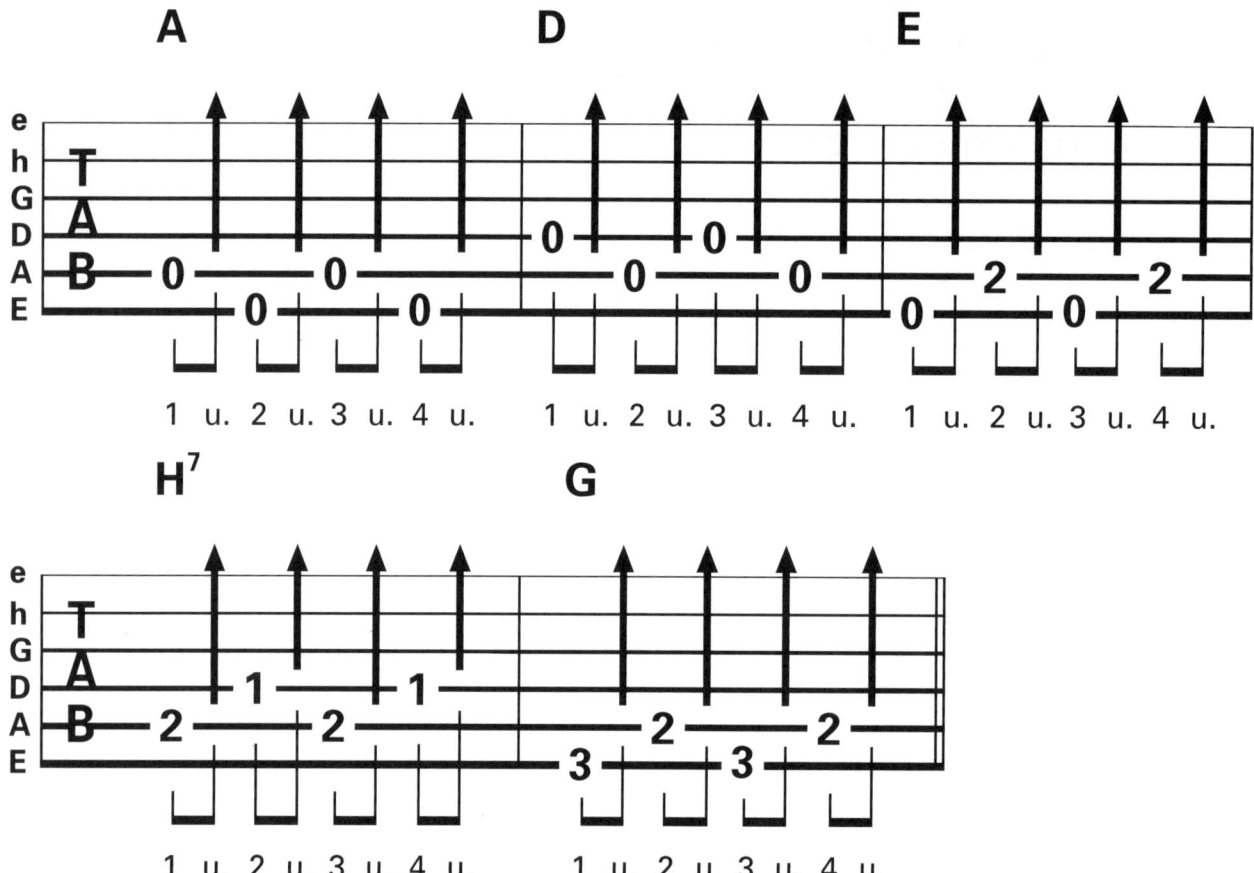

Hier zupfst du bei jedem Griff zwei unterschiedliche Bass-Saiten an (Wechselbass-Technik). Dazwischen schlägst du die untersten vier bzw. drei Saiten an. Du kannst diese Spieltechnik mit dem Daumen oder dem Plektrum spielen. Entscheide selbst. Übe diese Bassbegleitung erst nur bei den einzelnen Griffen.

Ich habe sie dir beim **CD-Beispiel 42** so aufgenommen, dass du direkt mitspielen kannst. Hier hörst du auch die ersten beiden Strophen.

Anfangston beim Singen: D-Saite im 2. Bund greifen (Ton E)

Jede Strophe singst du in einer anderen Tonart (vergleiche die 1. und 2. Strophe beim **CD-Beispiel 42**). Die Melodie bleibt aber immer gleich.

Hier noch das schöne Vorspiel:

Vorspiel:

CD 43

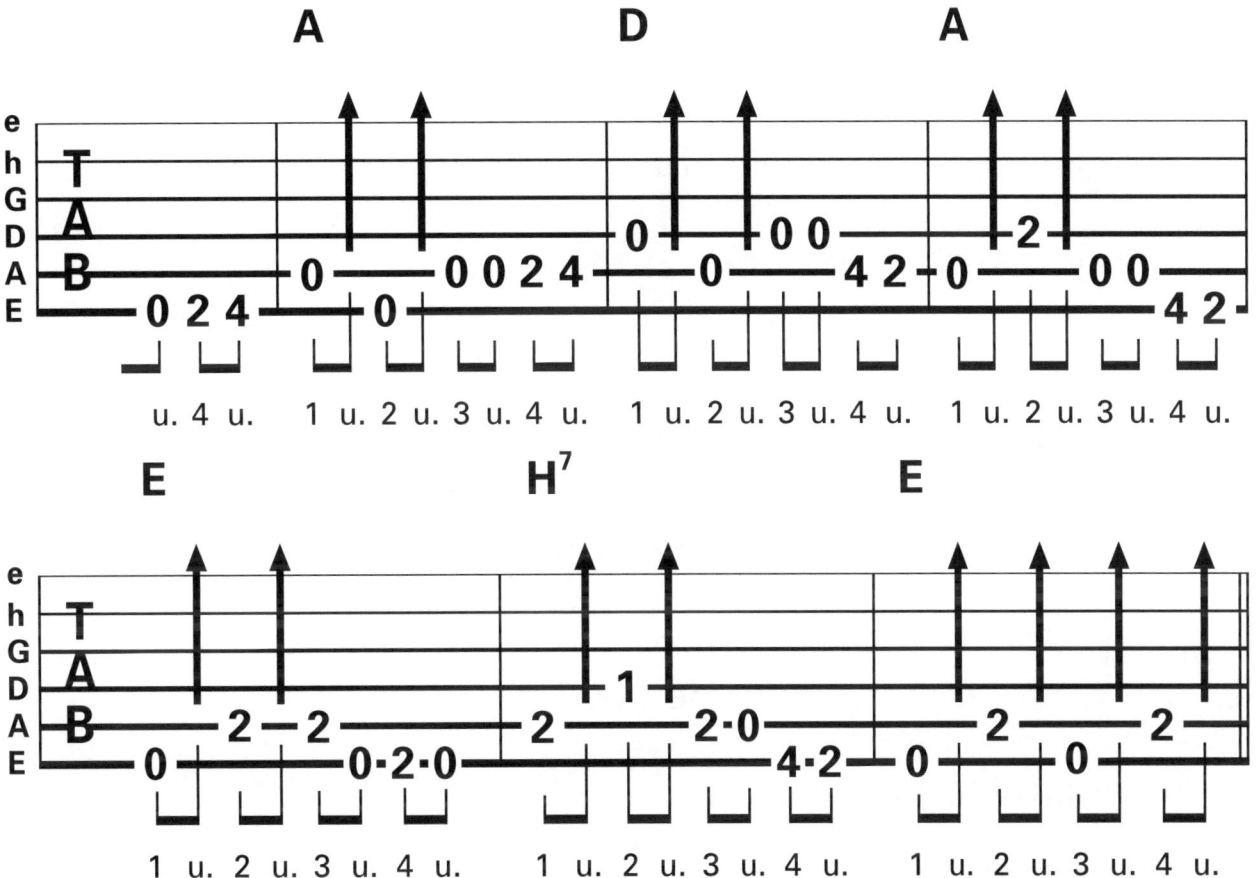

Es fängt mit einem Auftakt an. Du startest mit der leeren E-Saite und spielst sie dann im 2. und 4. Bund an. Dann spielst du die Bassbegleitung zum A-Griff mit dem Basslauf zum D-Griff. Hier greifst du am Schluss die A-Saite im 2. und 4. Bund usw.

Höre dir dieses Vorspiel beim **CD-Beispiel 43** genau an. Hier spiele ich es dir schön langsam vor.

 Falls du die Originalaufnahme von JOHNNY CASH hast, dann befestige deinen Kapodaster im 1. Bund. Dann kannst du direkt mitspielen.

Come together

Beatles

Words & Music by John Lennon & Paul McCartney
© 1969 Sony/ATV Music Publishing.
All Rights Reserved. International Copyright Secured.
Used by permission of Music Sales Limited.

Dm
1. Here come old flattop, He come

Groovin' up slowly, He got

Joo-joo eyeball, He one

Holy roller, He got
A
Hair down to his knee.
G⁷
Got to be a joker He just do what He please.

Dm
2. He wear no shoeshine, He got

Toe-jam football, He got

Monkey finger, He shoot

Coca-cola, He say
A
"I know you, you know me".
G⁷
One thing I can tell you is you got to be free.

          Hm   **A**   **G A**   **Dm**
R. Come together, right now - over me.

Dm
3. He bag production, He got

Walrus gumboot, He got

Ono sideboard, He one

88

Spinal cracker, He got

A
Feet down below his knee.
G⁷
Hold you in his armchair, you can feel his disease.

         Hm   **A**   **G** **A**   **Dm**
R. Come together, right now - over me.

Solo: Dm (8 x), A (8 x), Dm (4 x)

Dm
4. He roller coaster, He got

Early warning, He got

Muddy Water, He one

Mojo filter, He say
A
"One and one and one is three".
G⁷
Got to be good looking 'cause He's so hard to see.

         Hm   **A**   **G** **A**   **Dm**
R. Come together, right now - over me.

Come together ist der erste Song auf dem „Abbey Road" Album der BEATLES von 1969. Es sollte zuerst eine Auftragskomposition von John Lennon für Timothy Leary werden, den damals bekannten LSD-Guru. Er bat ihn um Unterstützung für seine Wahl in den amerikanischen Kongress und wollte z. B. in Kalifornien gegen Ronald Reagan antreten. Leary landete aber wegen Drogenbesitzes im Gefängnis. John spielte daraufhin den Song den anderen BEATLES vor und sie beschlossen ihn für die Aufnahmen zu bearbeiten. So steuerte Paul den herrlichen Basslauf und Ringo die markanten Schlagzeug-Fills dazu bei.

Griffe:

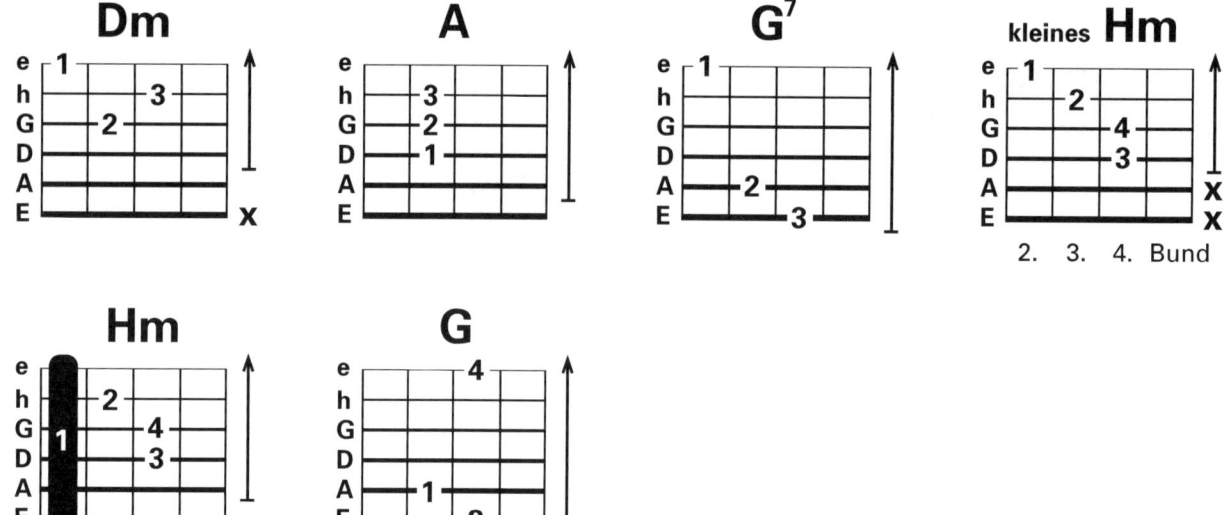

Diese Griffe sind leicht zu greifen. Du kannst zwischen dem kleinen Hm-Griff und dem großen Barré-Hm wählen. Wenn du alle Griffe gut wechseln kannst, dann versuche folgende

Anschlagtechnik:

(s. Gitarrenbuch S. 50)

CD 44

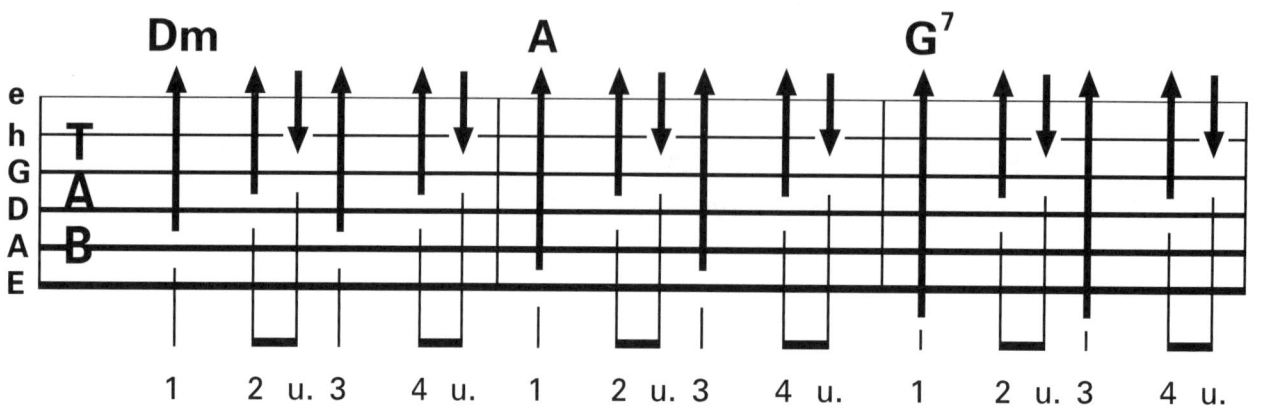

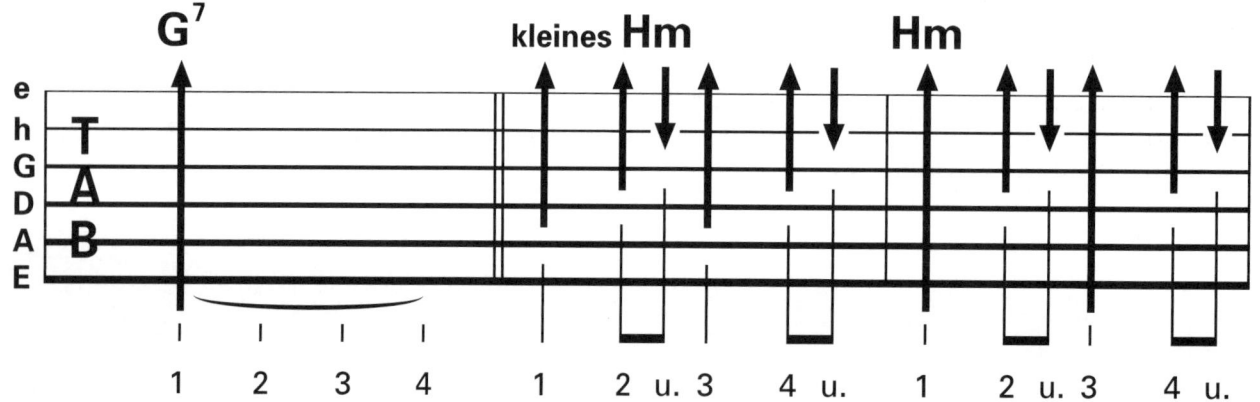

90

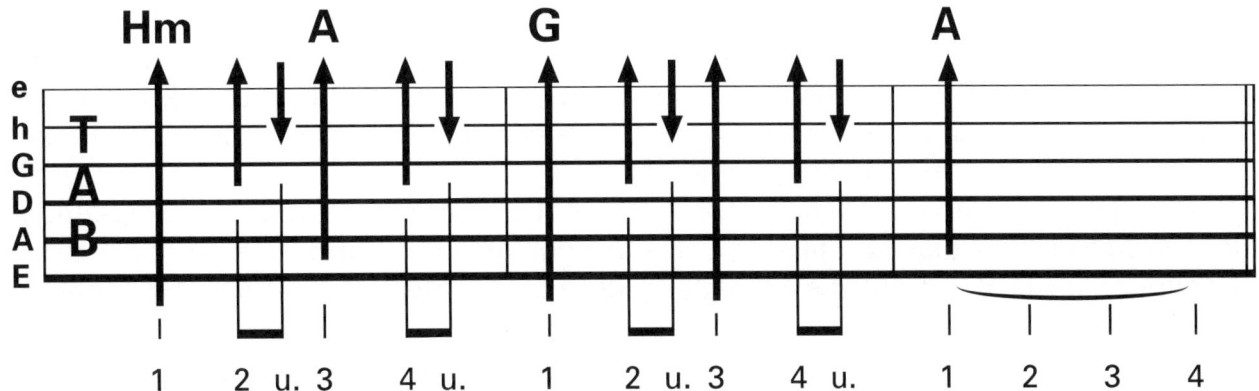

Du spielst hier Viertel- und Achtelanschläge. Die Anschläge bei den Zählzeiten 1 und 3 klingen rhythmisch doppelt so lang wie die Anschläge bei 2 u. und 4 u.

Den G^7-Griff kannst du rhythmisch genau so spielen wie den Dm- oder A-Griff. Die Beatles allerdings schlagen den G^7-Griff hier nur einmal an und lassen ihn über vier Takte ausklingen (s. 4. Takt in der Tabulatur). Entscheide selbst, was dir besser gefällt.

Das Gleiche gilt für den Refrain. Hier lässt du den letzten A-Griff einen Takt lang ausklingen und spielst dann mit dem Dm-Griff weiter. Die BEATLES stoppen ihn aber nach dem Anschlag ab.

Höre dir diese Begleitung beim **CD-Beispiel 44** genau an. Hier spiele ich sie dir schön langsam vor, so dass du direkt mitspielen kannst.

Noch besser klingt es, wenn du den Basslauf von Paul McCartney mitspielen kannst. Und der geht so:

Basslauf:

CD 45

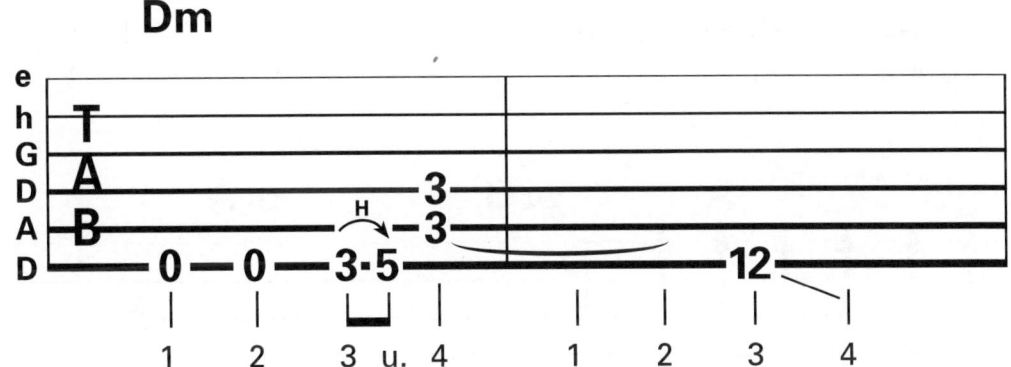

Du stimmst zuerst die dicke E-Saite auf D. Dazu zupfst du die dicke E-Saite im 7. Bund an. Dieser Ton muss mit der A-Saite übereinstimmen. Dein Ton im 7. Bund ist natürlich um einen Ton zu hoch. Deswegen drehst du mit dem entsprechenden Wirbel die dicke E-Saite so tiefer (du musst dabei mit dem Wirbel zu dir hin drehen), bis sie im 7. Bund gegriffen mit der leeren A-Saite übereinstimmt. Jetzt ist die dicke E-Saite auf D gestimmt (s. a. Gitarrenbuch 2 Seite 104).

Nun spielst du zweimal die leere E-Saite (D) an. Dann greifst du mit dem Zeigefinger der linken Hand die dicke E-Saite im 3. Bund, schlägst sie an und hämmerst feste den Ringfinger im 5. Bund auf dieselbe Saite (3 ^{H} 5). So etwas nennt sich Hämmering (s. Gitarrenbuch Seite 60).

Danach greifst du die A- und D-Saite im 3. Bund. Entweder machst du das nur mit dem Zeigefinger, indem du beide Saiten als Barrégriff greifst oder einzeln mit Zeige- und Mittelfinger. Diese beiden gegriffenen Saiten schlägst du gleichzeitig an und lässt sie bis zum Taktteil 3 des nächsten Taktes ausklingen. Jetzt greifst du die dicke E-Saite im 12. Bund, spielst sie an und rutschst hörbar zu den ersten Bünden runter (‿). Achte darauf, dass du das Hämmering doppelt so schnell spielst (1/8-Anschläge) wie die ersten Anschläge (1/4-Anschläge).

Ich habe dir den Basslauf beim **CD-Beispiel 45** entsprechend langsam aufgenommen. Diesen Basslauf spielst du immer vor den Strophen. In den Strophen und im Refrain kannst du entweder die vorher erklärte Anschlagtechnik spielen oder folgende Rock'n'Roll-Technik:

Rock'n'Roll-Anschlagtechnik
(s. Gitarrenbuch Seite 87)

CD 46

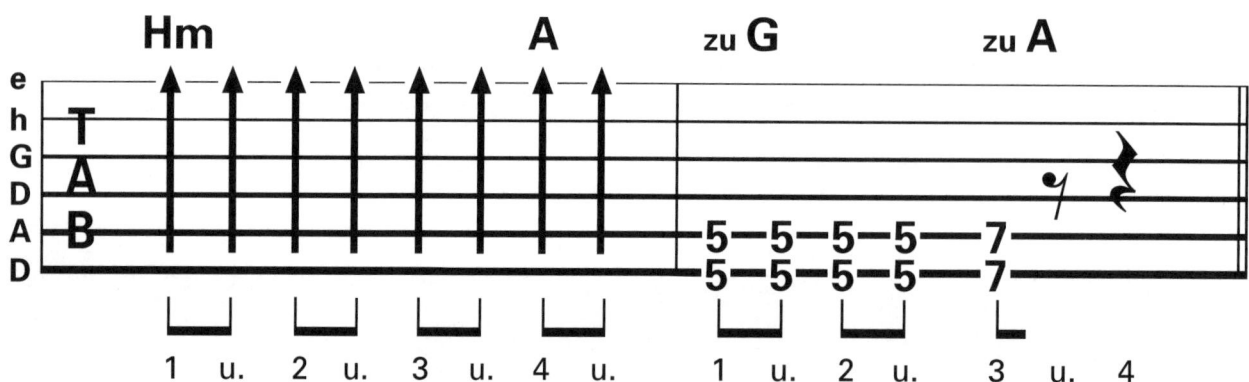

92

Du schlägst am Anfang nur die beiden leeren Bass-Saiten an. Dann greifst du die A-Saite im 2. Bund und spielst wieder die beiden Bass-Saiten an usw.

Beim A-Griff verschiebst du alles um eine Saite tiefer und schlägst jetzt die A- und D-Saite an. Zusätzlich greifst du die D-Saite abwechselnd im 2. und 4. Bund.

Beim G⁷-Griff greifst du gleichzeitig die E- und A-Saite im 5. Bund, schlägst die gegriffenen Saiten einmal an und lässt sie über zwei Takte hin ausklingen. Wenn dir das zu lang ist, dann kannst du die beiden Bass-Saiten auch mehrmals anschlagen.

Im Refrain spielst du beim Hm- und A-Griff nur die untersten fünf Saiten. Nicht die dicke E-Saite. Die ist ja auf D gestimmt!

Beim G-Griff spielst du wieder nur die E- und A-Saite im 5. Bund an.

Beim letzten A-Griff die rutschst du in den 7. Bund der E- und A-Saite, schlägst sie nur einmal an und stoppst sie danach ab.

Höre dir dazu das **CD-Beispiel 46** an und spiele direkt mit. Hier spiele ich dir auch die erste Strophe und den Refrain zum Mitsingen und Mitspielen vor.

Anfangston beim Singen: D-Saite im 3. Bund greifen (Ton F).

Jetzt fehlt nur noch das Solo. Hier ist es:

Solo:

CD 47

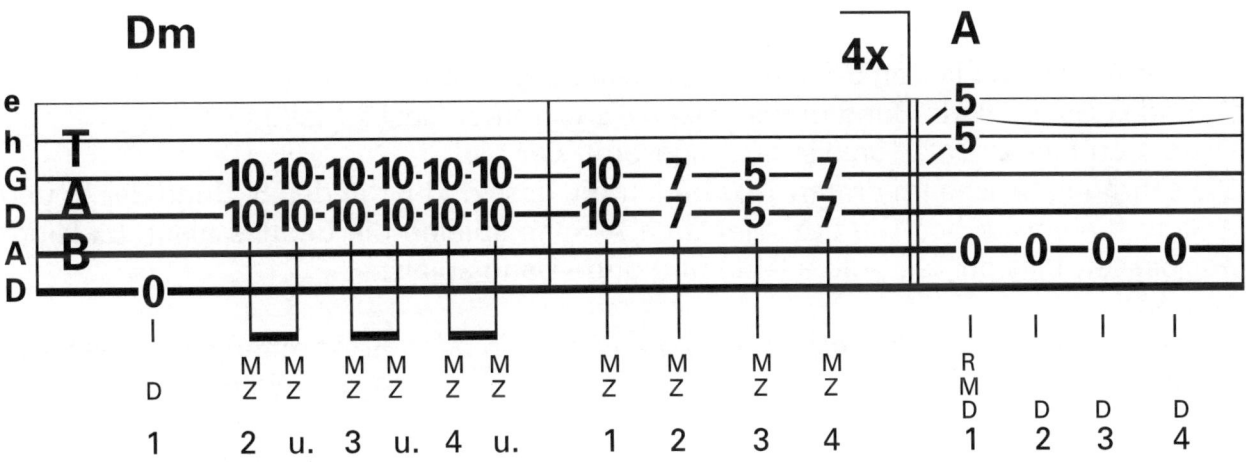

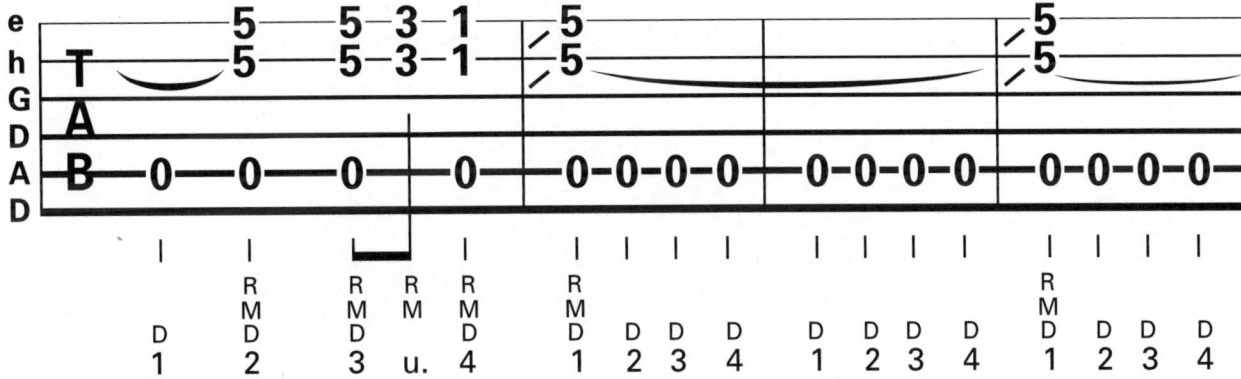

93

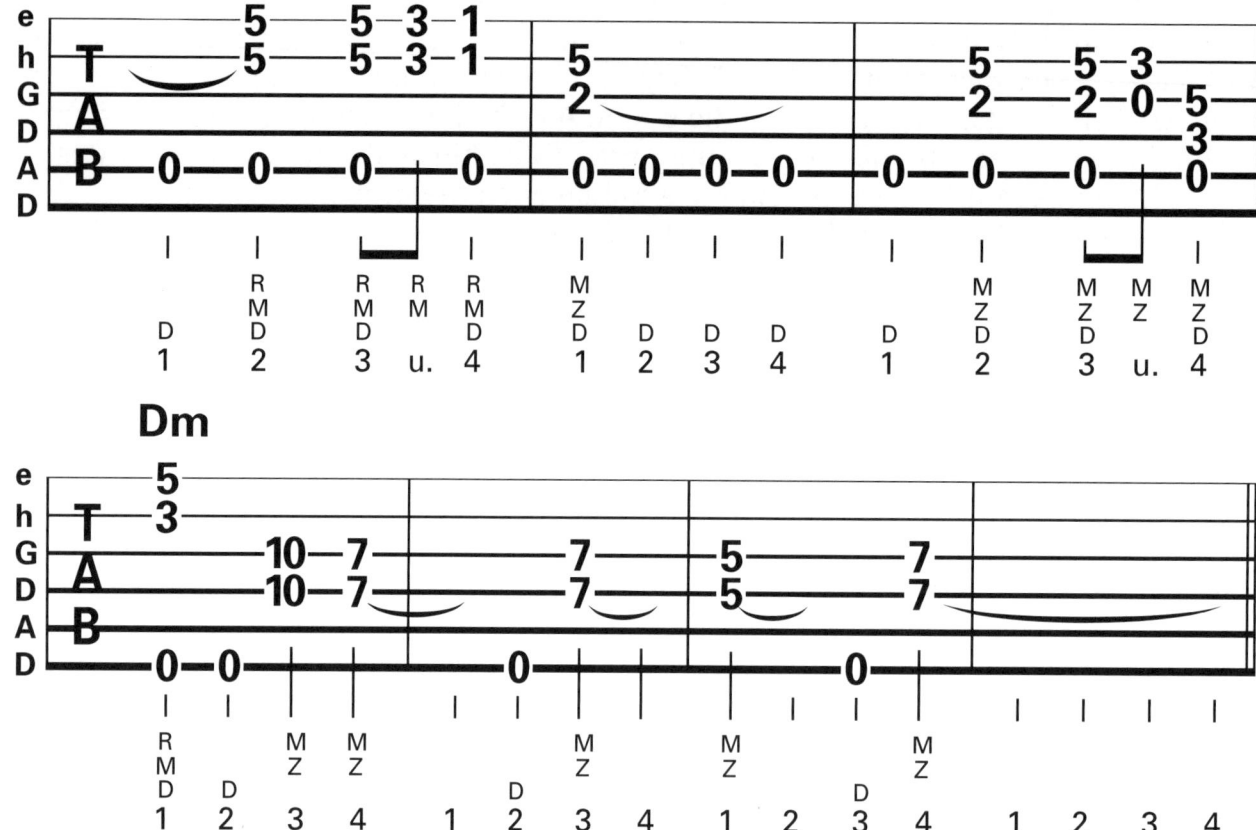

Dm

Du startest mit der leeren E-Saite, die du ja auf D gestimmt hast. Danach greifst du die D- und G-Saite im 10. Bund und spielst sie zusammen sechs Mal an usw.
Die ersten beiden Takte spielst du insgesamt vier Mal.
Die schrägen Striche im dritten Takt bedeuten, dass du hier in den 5. Bund der h- und e-Saite hineinrutschst. Die dazu gezupfte A-Saite spielen die Beatles nicht. Es klingt nur besser, falls du das Solo alleine und ohne Band spielst.

Du kannst es dir beim **CD-Beispiel 47** genau anhören oder direkt mitspielen. Viel Spaß damit.

 Die BEATLES spielen *Come together* in der gleichen Tonart, singen aber eine Oktave höher als ich es hier aufgenommen habe.
Wenn du die Originalaufnahme hast, dann kannst du sofort mitspielen.

The sound of silence

Simon & Garfunkel

```
     Am                              G
1.  Hello darkness, my old friend,

                                  Am
     I've come to talk with you again.
                    C        F         C
     Because a vision softly creeping,
                              F        C
     Left its seeds while I was sleeping.
                    F                             C
     And the vision that was planted in my brain,
     F         C    Am
     Still remains,
     C            G         Am
     Within the Sound of Silence.


     Am                              G
2.  In restless dreams I walked alone,

                            Am
     Narrow streets of cobblestone.
                    C      F        C
     'Neath the halo of a street lamp,
                              F         C
     I turned my collar to the cold and damp.
                    F                                          C
     When my eyes were stabbed by the flash of a neon light,
            F      C    Am
     That split the night,
     C            G        Am
     And touched the Sound of Silence.


     Am                              G
3.  And in the naked light I saw,

                            Am
     Ten thousand people, maybe more.
                    C      F        C
     People talking without speaking,
```

95

                  F   **C**
People hearing without listening.
                      F   **C**
People writing songs that voices never share,
 F   **C**   **Am**
No one dare,
C   **G**   **Am**
    Disturb the Sound of Silence.

   Am   **G**
3.   "Fools!" said I, "You do not know,
                       Am
   Silence like a cancer grows.
                 C   **F**   **C**
   Hear my words that I might teach you,
                      F   **C**
   Take my arms that I might reach you."
             F   **C** **F** **C** **Am**
   But my words like silent raindrops fell,
       C   **G**   **Am**
   And echoed in the wells of silence.

   Am   **G**
4. And the people bowed and prayed,
                     Am
   To the neon god they made.
                C   **F**   **C**
   And the sign flashed out its warning,
                   F   **C**
   In the words that it was forming.
                          F
   And the signs said, "The words of the prophets,
                                C   **F**   **C**   **Am**
   Are written on the subway walls and tenement halls."
       C   **G**   **Am**
   And whisper'd in the Sound of Silence.

The sound of silence schrieb PAUL SIMON für das erste SIMON & GARFUNKEL-Album „Wednesday morning 3 a.m.", welches Mitte 1965 erschien. Weil das ganze Album, mit hauptsächlich akustischen Gitarren, zu „Folk"-orientiert war (!), hatte es zu dieser Zeit keine Chance. Der Produzent Tom Wilson war aber von *The sound of silence* so angetan, dass er ein paar Monate später die Originalaufnahme mit E-Gitarren, Bass und Schlagzeug ergänzte. Das Kuriose daran war, das PAUL SIMON zu dieser Zeit in englischen Kneipen spielte und nichts davon wusste. Die neue Version verkaufte sich dann mehrere Millionen mal.

Der Text beschreibt in wunderbar bildhafter Sprache die Einsamkeit der Stadtmenschen und deren Kontaktlosigkeit „im Klang der Stille"!

Griffe:

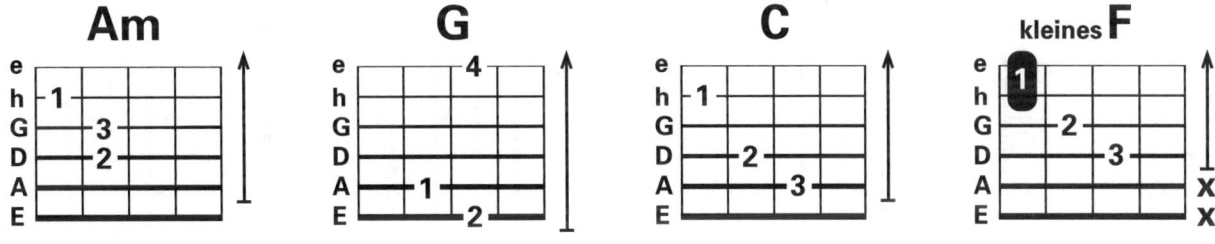

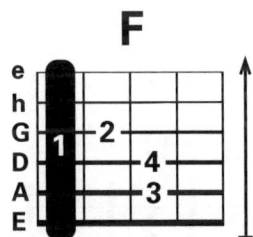

Diese Griffe sind mit etwas Übung leicht zu wechseln. Versuche damit folgende Anschlagtechnik.

Anschlagtechnik:
(s. Gitarrenbuch Seite 38)

CD 48

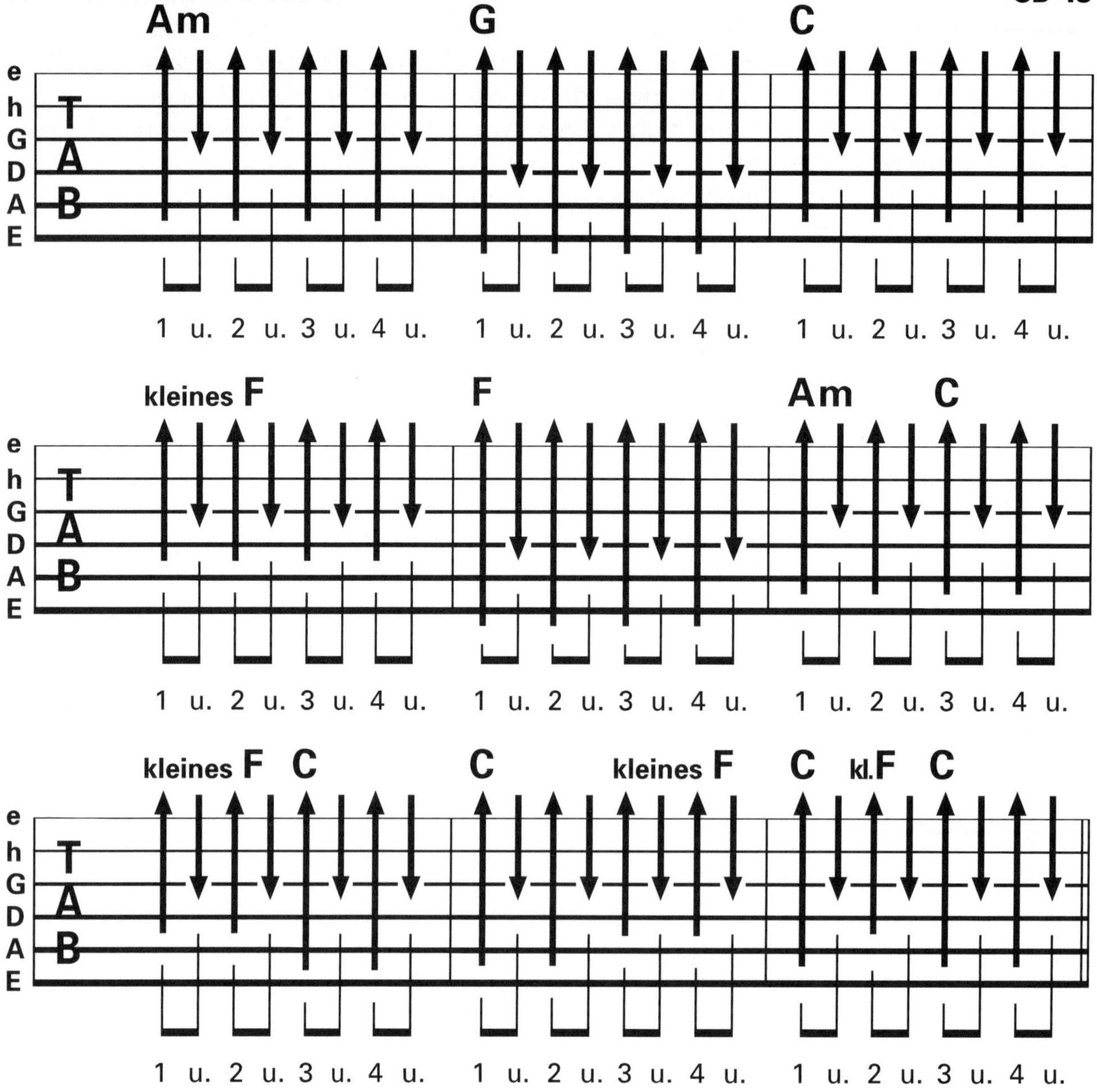

Am **G** **C**

```
e
h  T
G  A
D  B
A
E
```
1 u. 2 u. 3 u. 4 u.   1 u. 2 u. 3 u. 4 u.   1 u. 2 u. 3 u. 4 u.

kleines F **F** **Am** **C**

```
e
h  T
G  A
D  B
A
E
```
1 u. 2 u. 3 u. 4 u.   1 u. 2 u. 3 u. 4 u.   1 u. 2 u. 3 u. 4 u.

kleines F C **C** **kleines F C kl.F C**

```
e
h  T
G  A
D  B
A
E
```
1 u. 2 u. 3 u. 4 u.   1 u. 2 u. 3 u. 4 u.   1 u. 2 u. 3 u. 4 u.

Diese Anschlagtechnik ist sehr einfach zu spielen. Du musst nur den Pfeilen entsprechend die richtigen Saiten zu den jeweiligen Griffen anschlagen. Achte darauf, dass du beim Spielen von unten nur die dünnen Saiten anschlägst.
Manchmal musst du, der Melodie folgend, die Griffe innerhalb eines Taktes wechseln. Orientiere dich an der Gesangsmelodie. Das ist das Einfachste. Wenn das nicht klappt, dann übe die in der Tabulatur aufgeschriebenen Takte genau rhythmisch ein. Ich habe dir hier einige Takte nur mit dem kleinen F-Griff aufgeschrieben. Du kannst natürlich auch alles mit dem großen F-Griff spielen. Entscheide selbst!
Höre es dir beim **CD-Beispiel 48** genau an. Hier spiele ich dir auch die erste Strophe mit dieser Anschlagtechnik schön langsam vor. Versuche doch, direkt mitzuspielen. Das ist die einfachste Art diesen Song gut zu begleiten.

Anfangston beim Singen: leere A-Saite anschlagen.

98

Noch schöner klingt es mit folgender Zupftechnik:

Zupftechnik:
(s. Gitarrenbuch ab Seite 111)

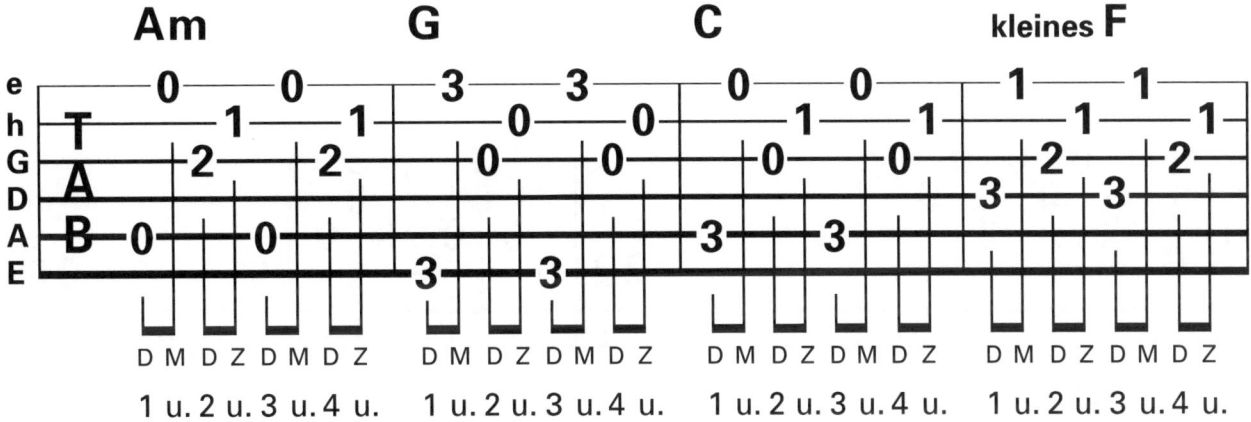

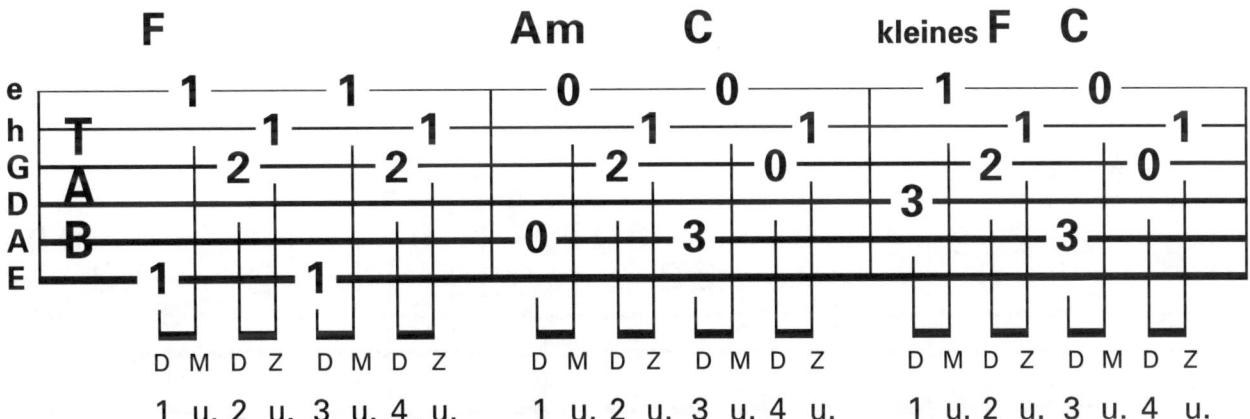

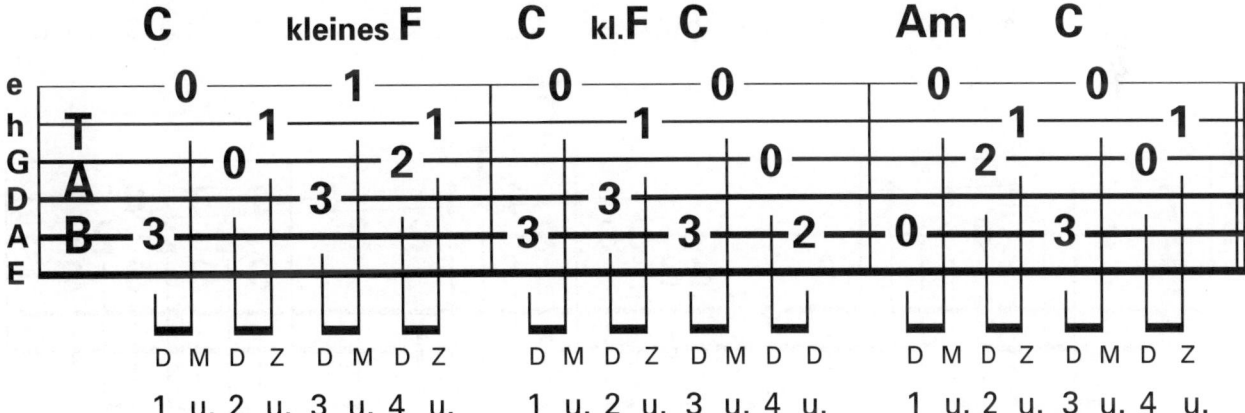

Diese Zupftechnik heißt Pickingtechnik. Du zupfst hier mit dem Daumen die jeweiligen Viertelanschläge und mit dem Mittel- (M) und Zeigefinger (Z) die dazwischen liegenden Achtelanschläge. Der Daumen „springt" dabei zwischen zwei unterschiedlichen Bass-Saiten hin und her.
Auch hier musst du manchmal innerhalb eines Taktes die Griffe wechseln.

Die letzten beiden Takte gelten für die Zeile: „Still remains, within the ..." Hier spielst du zwischen dem C- und Am-Griff einen Bassübergang.
Ich habe dir diese Spieltechnik beim **CD-Beispiel 49** so aufgenommen, dass du leicht mitspielen kannst.

Zum Abschluss habe ich noch ein schönes Vorspiel für Dich. Es ist eine Variation von mir, zusammengestellt aus dem Anfang der Originalaufnahme und dem was PAUL SIMON manchmal „live" spielt.

Vorspiel:

CD 50

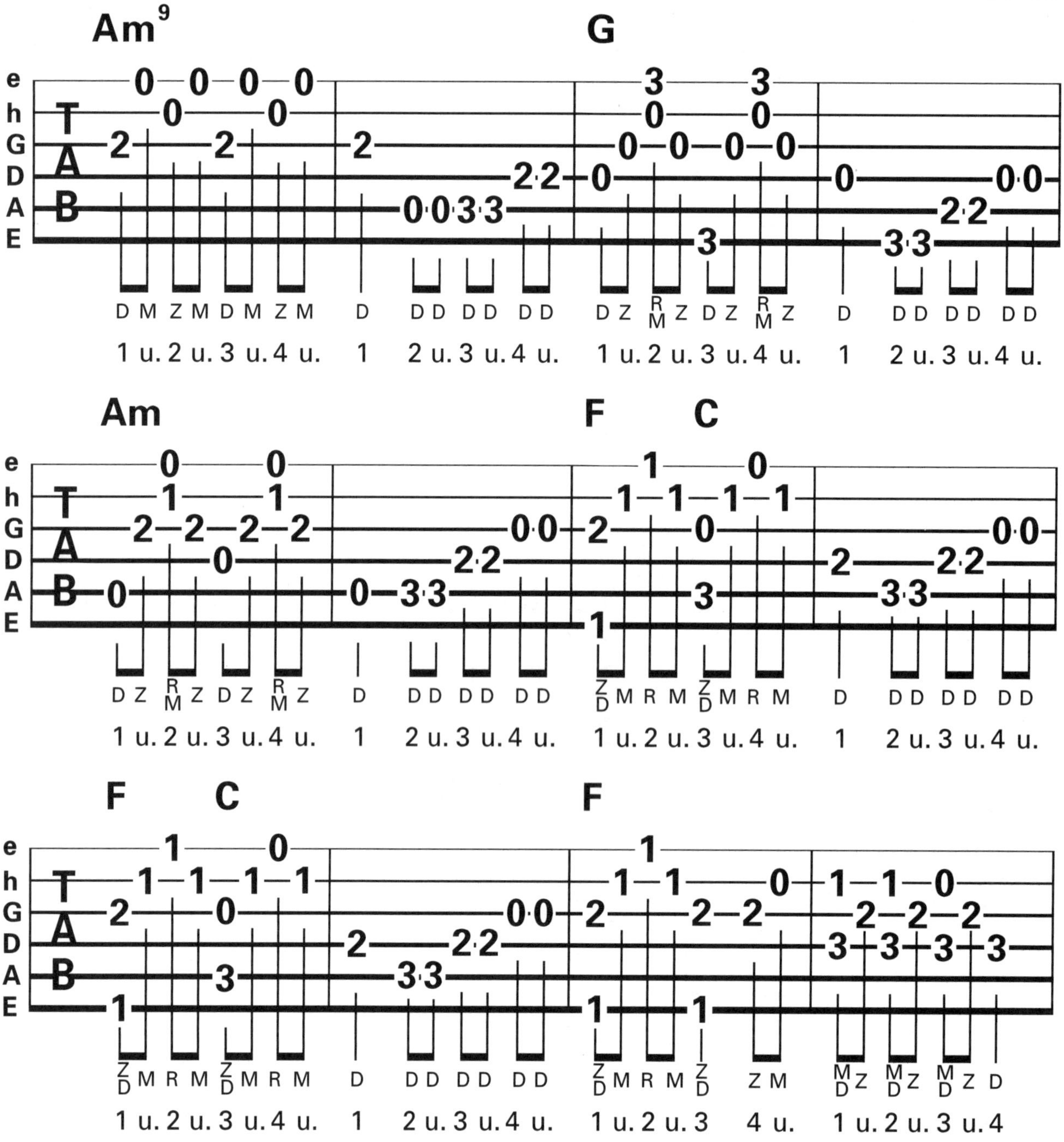

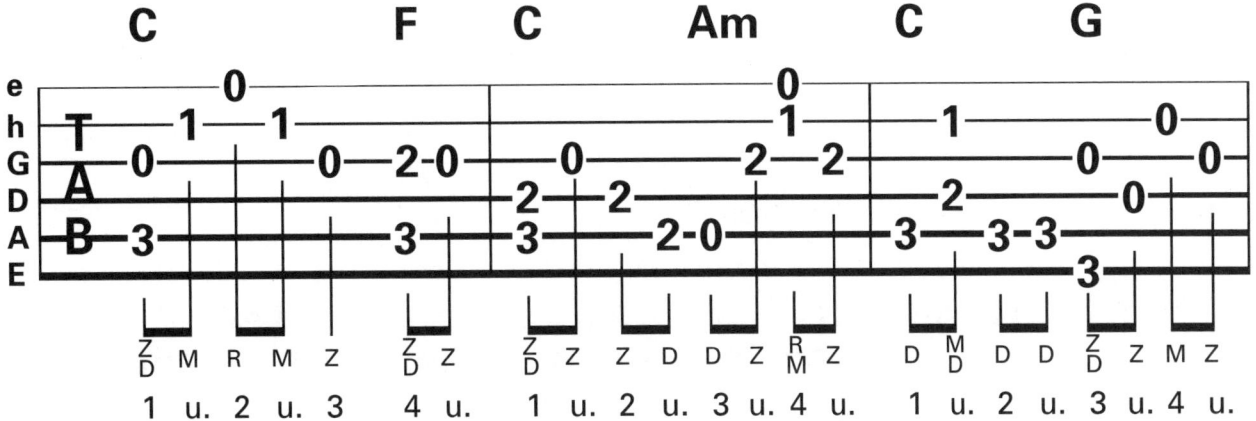

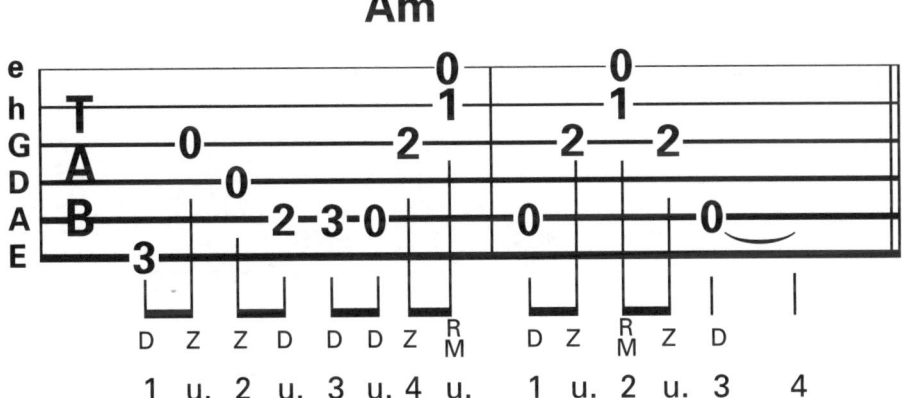

Du greifst beim Am9-Griff nur mit dem Mittelfinger der linken Hand in den 2. Bund der G-Saite. Jetzt zupfst du mit dem Daumen (D) der rechten Hand die G-Saite und danach mit dem Mittelfinger (M) die dünne e-Saite. Dann zupfst du mit dem Zeigefinger (Z) die h-Saite und mit dem Mittelfinger wieder die dünne e-Saite usw.

Übe zuerst jeden Takt einzeln. Wenn du das gut kannst, dann versuche mehrere Takte hintereinander usw.

Höre dir dazu das **CD-Beispiel 50** genau an. Hier spiele ich dir das ganze Vorspiel schön langsam vor. Viel Spaß damit!

SIMON & GARFUNKEL singen *The sound of silence* viel höher als ich es hier auf der CD vorsinge. Ich habe es aber in dieser tieferen Tonart erklärt, weil es so für dich einfacher zu singen und zu spielen ist. Wenn du zur Originalaufnahme mitspielen möchtest, dann befestige deinen Kapodaster im 6. Bund. Jetzt kannst du mit den hier erklärten Griffen und Spieltechniken direkt mit PAUL SIMON zusammen spielen.

Dust In The Wind

Kansas

Musik & Text: Kerry Livgren
© EMI Blackwood Music Inc.
Mit freundlicher Genehmigung der
EMI Music Publishing Germany GmbH

Vorspiel: siehe Pickingtechnik

```
            C     G  Am   G              Dm                    Am
1.  I close my eyes, only for a moment, and the moment's gone.
            C     G  Am    G              Dm                 Am
    All my dreams, pass before my eyes in curiosity.
    D     G          Am   D               G           Am
    Dust in the wind, all they are is dust in the wind.
```

```
            C     G   Am   G              Dm              Am
2.  Same old song, just a drop of water in an endless sea.
            C   G Am  G                   Dm                  Am
    All we do, crumbles to the ground though we refuse to see.
    D     G          Am   D               G           Am
    Dust in the wind, all they are is dust in the wind.
```

Zwischenspiel: siehe Pickingtechnik

```
            C     G  Am  G                Dm
3.  Now don't hang on, nothing lasts forever
            Am
    but the earth and sky.
            C   G Am        G             Dm           Am
    It slips away, with all your money won't another minute buy.
    D     G          Am   D               G           Am
    Dust in the wind, all they are is dust in the wind.
    D     G          Am   D               G           Am
    Dust in the wind, all they are is dust in the wind.
```

Nachspiel: Am, A⁹, A⁴ (8x)

Dust in the wind ist der bekannteste Song von KANSAS, einer Rockgruppe aus dem gleichnamigen Staat in den USA. Sie verkauften bisher über 10 Millionen Alben und spielten auf ihren Welttourneen in ausverkauften Stadien. Zum ersten Mal veröffentlichten sie *Dust in the wind* auf ihrem Platin-Album „Point Of Know Return" von 1977. Jeder Gitarrist der die Pickingtechnik spielen kann, lernt irgendwann diesen Song.

Griffe:

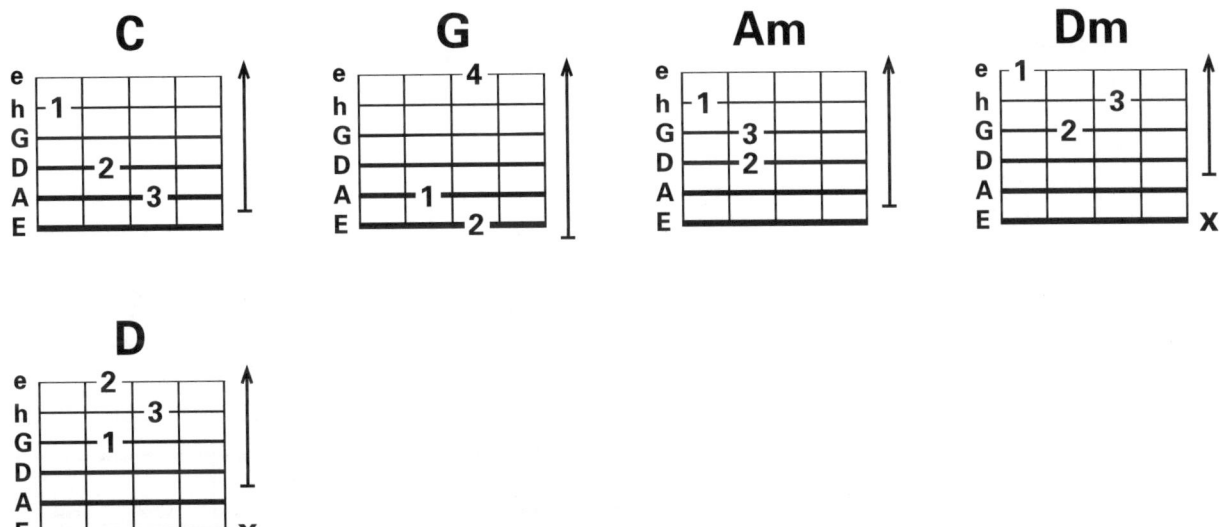

Mit diesen Griffen ist *Dust in the wind* leicht zu spielen. Versuche damit folgende

Anschlagtechnik
(s. Gitarrenbuch 2 Seite 19)

CD 51

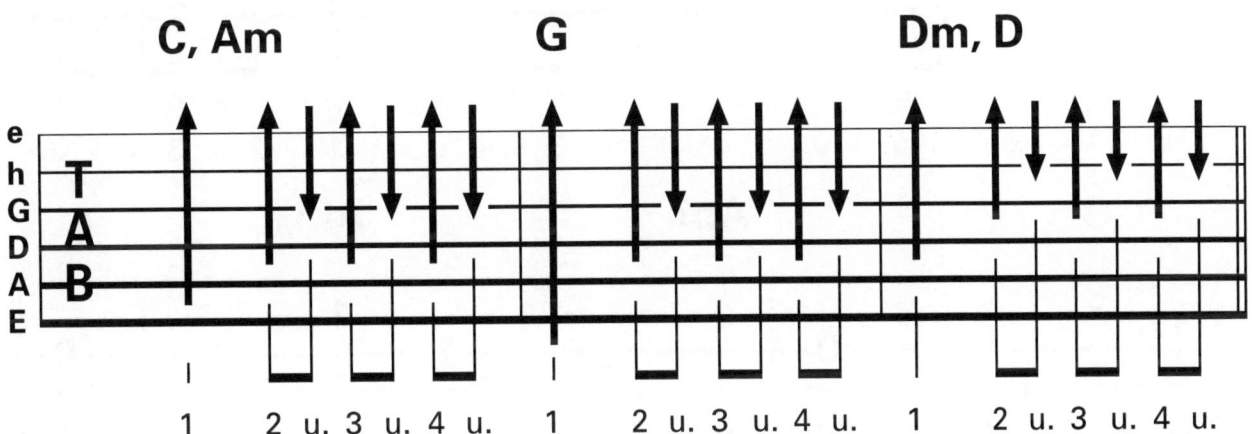

Nur den ersten Anschlag lässt du etwas ausklingen (Viertelanschlag). Alle anderen Anschläge spielst du rhythmisch gleichmäßig hintereinander (Achtelanschlag). Der erste Anschlag klingt doppelt so lang wie die anderen Anschläge.

Höre es dir beim **CD-Beispiel 51** genau an und spiele einfach mit. Das ist nicht schwer.

Noch schöner klingt es, wenn du *Dust in the wind* so zupfst, wie es KANSAS machen. Und das geht so:

CD 52

Pickingtechnik:
(s. Zupftechniken, Seite 80)

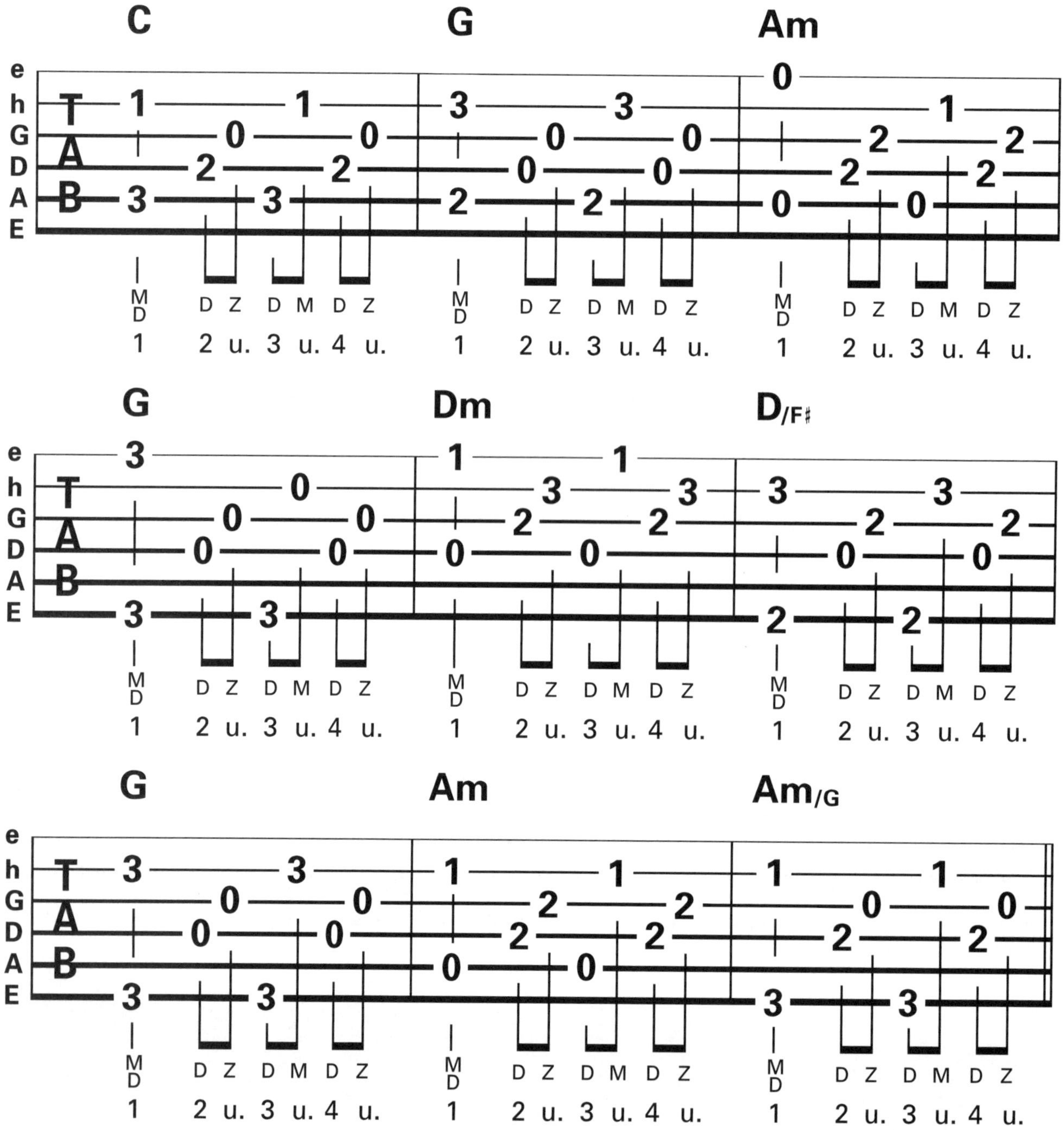

Du greifst den C-Griff und zupfst mit dem Daumen (D) und Mittelfinger (M) gleichzeitig die A- und h-Saite. Dann springt der Daumen zur A-Saite und der Zeigefinger (Z) zupft die D-Saite usw.

Nur beim ersten Taktteil zupfst du zwei Saiten gleichzeitig. Sonst zupfst du rhythmisch alles gleichmäßig hintereinander. Der Daumen zupft immer abwechselnd die A- und D-Saite, bzw. die E- und D-Saite.

Es gibt unterschiedliche G-Griffe:

Den ersten spielst du direkt hinter dem ersten C-Griff. Dabei greifst du mit dem kleinen Finger in den 3. Bund der h-Saite.

Den zweiten spielst du hinter dem Am-Griff und den dritten hinter dem D/F#-Griff.

Übrigens, den D/F#-Griff zupfst du immer anstelle des normalen D-Griffes. Hier greifst du zusätzlich mit dem Daumen der linken Hand die dicke E-Saite im 2. Bund (s. a. erstes Songbuch, Seite 114).

Und den Am/G-Griff spielst Du nach dem Am-Griff bei der Textstelle „wind". Hier greifst du zusätzlich mit dem kleinen Finger der linken Hand die dicke E-Saite im 3. Bund (s. a. erstes Songbuch, Seite 47).

Ich habe dir diese Pickingtechnik beim **CD-Beispiel 52** schön langsam aufgenommen. Hier spiele ich dir auch die erste Strophe vor.

Anfangston beim Singen: A-Saite im 2. Bund greifen (Ton H)

Wenn du die Pickingtechnik gut spielen kannst, dann versuche auch das folgende Vorspiel:

Vorspiel:

CD 53

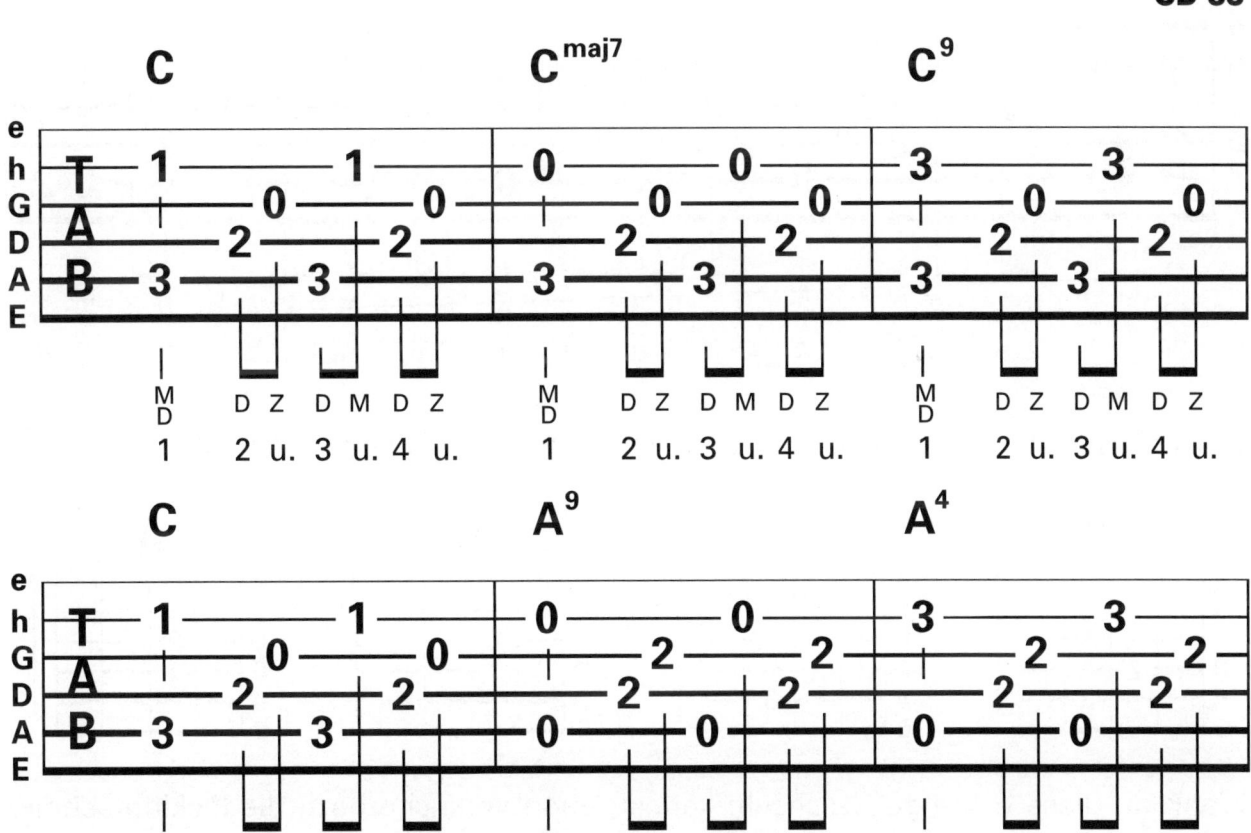

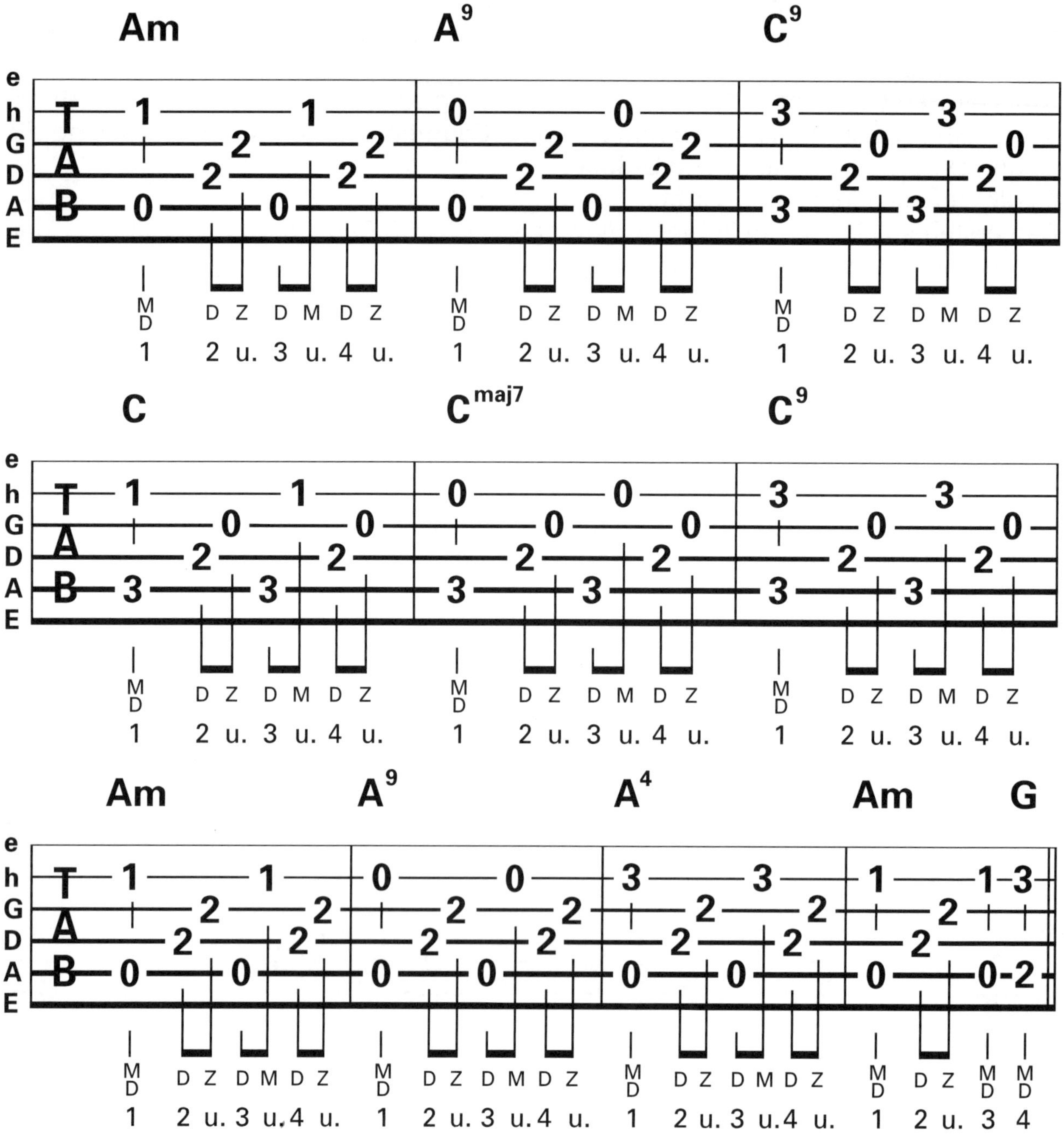

Am $\quad$ A^9 $\quad$ C^9

```
e
h  T  1 —— 1    0 —— 0    3 —— 3
G  A    2 —— 2    2 —— 2    0 —— 0
D  B   2 — 2    2 — 2    2 — 2
A    0 —— 0    0 —— 0    3 — 3
E
   M         D Z D M D Z   M         D Z D M D Z   M         D Z D M D Z
   D                        D                        D
   1   2 u. 3 u. 4 u.       1   2 u. 3 u. 4 u.       1   2 u. 3 u. 4 u.
```

C $\quad$ C^{maj7} $\quad$ C^9

```
e
h  T  1 —— 1    0 —— 0    3 —— 3
G  A   0 —— 0    0 —— 0    0 —— 0
D  B  2 — 2    2 — 2    2 — 2
A    3 — 3    3 — 3    3 — 3
E
   M         D Z D M D Z   M         D Z D M D Z   M         D Z D M D Z
   D                        D                        D
   1   2 u. 3 u. 4 u.       1   2 u. 3 u. 4 u.       1   2 u. 3 u. 4 u.
```

Am $\quad$ A^9 $\quad$ A^4 $\quad$ Am $\quad$ G

```
e
h  T  1 —— 1    0 —— 0    3 —— 3    1 — 1-3
G  A    2 —— 2    2 —— 2    2 —— 2    2 — 2
D  B   2 — 2    2 — 2    2 — 2    2 — 2
A    0 —— 0    0 —— 0    0 —— 0    0 — 0-2
E
   M   D Z D M D Z   M   D Z D M D Z   M   D Z D M D Z   M   D Z  M  M
   D                  D                  D                  D        D  D
   1  2 u. 3 u. 4 u.  1  2 u. 3 u. 4 u.  1  2 u. 3 u. 4 u.  1  2 u. 3  4
```

Es ist die gleiche Pickingtechnik wie vorher. Übe zuerst folgende Griffe:

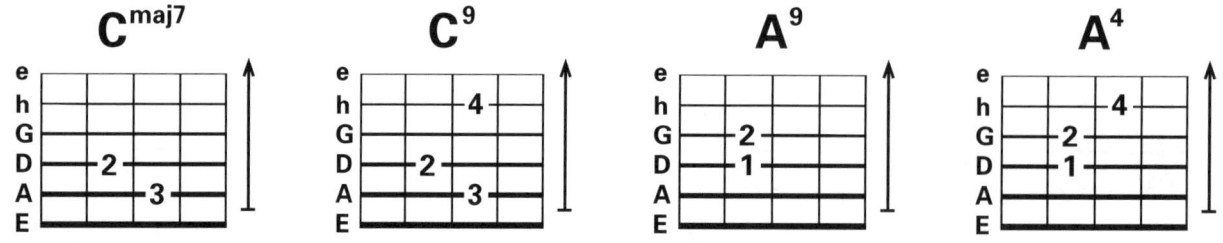

C^{maj7} $\qquad$ C^9 $\qquad$ A^9 $\qquad$ A^4

Wenn du diese Griffe gut wechseln kannst, dann versuche dazu die Pickingtechnik. Achte auf den Schluss. Hier zupfe ich den G-Griff und fange dann mit der Strophe an. Ich spiele es dir beim **CD-Beispiel 53** schön langsam vor.

106

Hier noch das Zwischenspiel:

Zwischenspiel:

CD 54

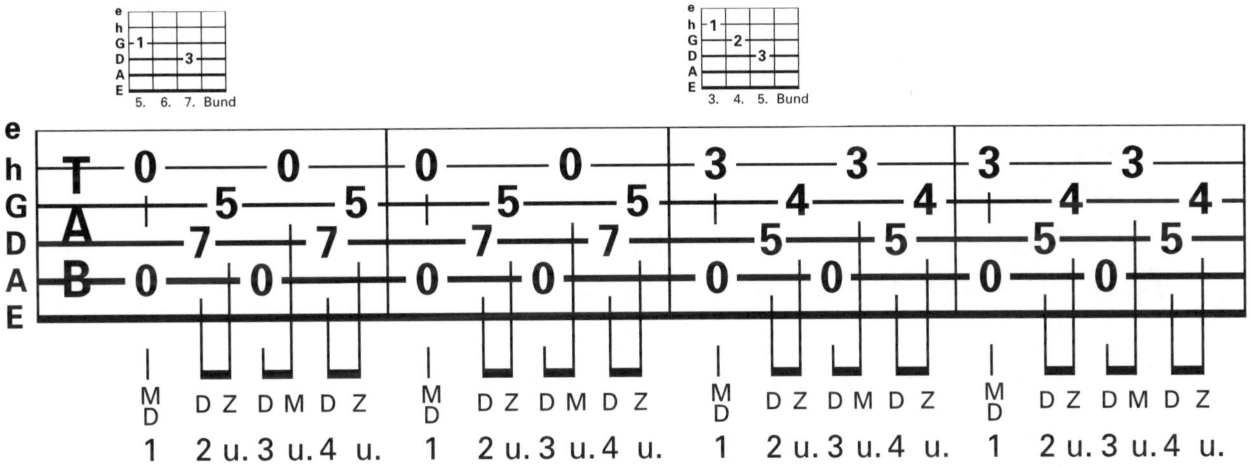

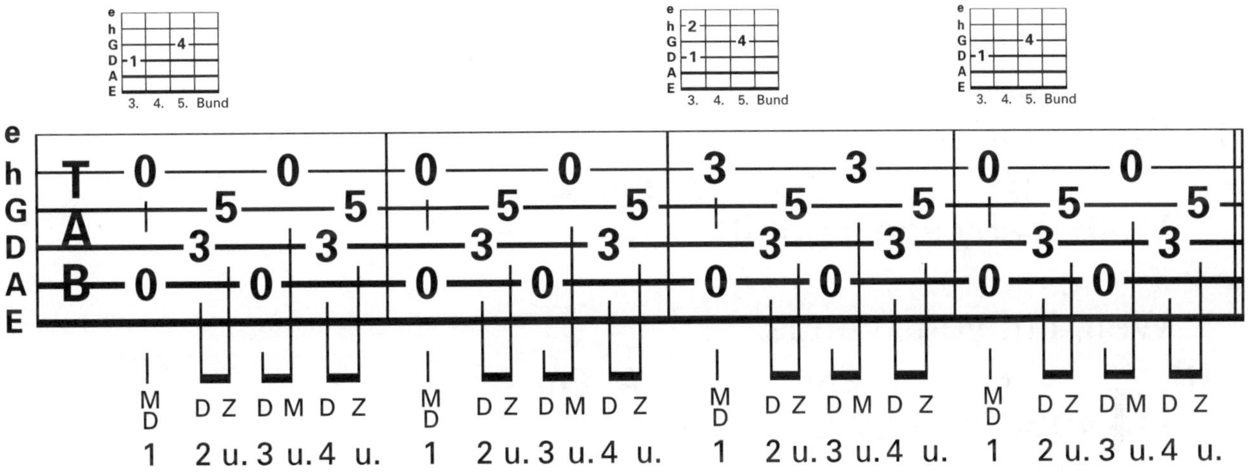

```
e |--0--------0-------|--0--------0-------|--3--------3-------|--3--------3-------|
h |-----5--------5----|-----5--------5----|-----4--------4----|-----4--------4----|
G |--7--------7-------|--7--------7-------|--5--------5-------|--5-----------5----|
D |                   |                   |                   |                   |
A |--0--------0-------|--0--------0-------|--0--------0-------|--0--------0-------|
E |                   |                   |                   |                   |
   M         D Z D M D Z  M      D Z D M D Z  M      D Z D M D Z  M      D Z D M D Z
   D                      D                   D                   D
   1  2 u. 3 u. 4 u.      1  2 u. 3 u. 4 u.   1  2 u. 3 u. 4 u.   1  2 u. 3 u. 4 u.
```

```
e |--0--------0-------|--0--------0-------|--3--------3-------|--0--------0-------|
h |-----5--------5----|-----5--------5----|-----5--------5----|-----5--------5----|
G |--3--------3-------|--3--------3-------|--3--------3-------|--3--------3-------|
D |                   |                   |                   |                   |
A |--0--------0-------|--0--------0-------|--0--------0-------|--0--------0-------|
E |                   |                   |                   |                   |
   M         D Z D M D Z  M      D Z D M D Z  M      D Z D M D Z  M      D Z D M D Z
   D                      D                   D                   D
   1  2 u. 3 u. 4 u.      1  2 u. 3 u. 4 u.   1  2 u. 3 u. 4 u.   1  2 u. 3 u. 4 u.
```

Wie du mit den Fingern der linken Hand in den einzelnen Takten greifen musst, zeigen dir die Griffbilder über der Tabulatur. Übe zuerst die Griffwechsel und spiele dann erst die Pickingtechnik.

Ich spiele dir auch dieses Zwischenspiel beim **CD-Beispiel 54** wieder entsprechend langsam vor.

KANSAS spielen diesen Teil zweimal. Danach spielen sie das gesamte Vorspiel und beginnen dann erst mit der 3. Strophe.

 Wenn du die Originalaufnahme hast, dann kannst du sofort mitspielen. KANSAS spielen *Dust in the wind* in der gleichen Tonart!

Venus

The Shocking Blue

Composed by Robert van Leeuwen
© 1969 Published by Dayglow Music N.V.
Administered by Nanada Music B.V.

Vorspiel: **H^4 / H^4 / Em A / Em A (2x)**
Em A / Em A

Em A Em A
1. A godness on a mountain top,
Em A Em A
Was burning like a silver flame.
Em A Em A
The summit of beauty love,
Em A Em
And Venus was her name.

Am D Am
R. She's got it!
D Em A Em A
Yeah, baby she's got it!
C
Well, I'm your Venus,
H^7 Em A Em A
I'm your fire at your desire.
C
Well, I'm your Venus,
H^7 Em A Em A
I'm your fire at your desire.

Em A Em A
2. Her weapon were her crystal eyes.
Em A Em A
Making every man mad.
Em A Em A
Black as a dark night she was,
Em A Em
Got what no one else had.

         Am   **D Am**

R. She's got it!

       D   **Em**   **A Em A**

   Yeah, baby she's got it!

      C

   Well, I'm your Venus,

H⁷   **Em**   **A Em A**

  I'm your fire at your desire.

      C

   Well, I'm your Venus,

H⁷   **Em**   **A Em A**

  I'm your fire at your desire.

  Em A   **Em A**   **Em A Em A**

3. Ah - - ha – ha - - ha – ha - - ha

  Em A   **Em A**   **Em A Em**

Ah - - ha – ha - - ha – ha - - ha

         Am   **D Am**

R. She's got it!

       D   **Em**   **A Em A**

   Yeah, baby she's got it!

      C

   Well, I'm your Venus,

H⁷   **Em**   **A Em A**

  I'm your fire at your desire.

      C

   Well, I'm your Venus,

H⁷   **Em**   **A Em A**

  I'm your fire at your desire.

Nachspiel: **H⁴ / H⁴ / Em A / Em A (2x)**
                Em A / Em A

Venus ist der einzige Song in der Geschichte der amerikanischen Billboard Hitparade der in unterschiedlichen Jahren dreimal die Nummer 1 erreichte. Zuerst 1970 mit THE SHOCKING BLUE, dann 1981 mit STARS ON 45 und 1986 mit BANANARAMA. Die holländische Band THE SHOCKING BLUE gründete sich 1967 und hatte weltweit mit *Venus* ihren größten Erfolg. Sie lösten sich 1974 auf. Man kann aber die tolle Sängerin Mariska Veres noch auf vielen Oldie-Festivals mit ihrer Band live bewundern.

Griffe:

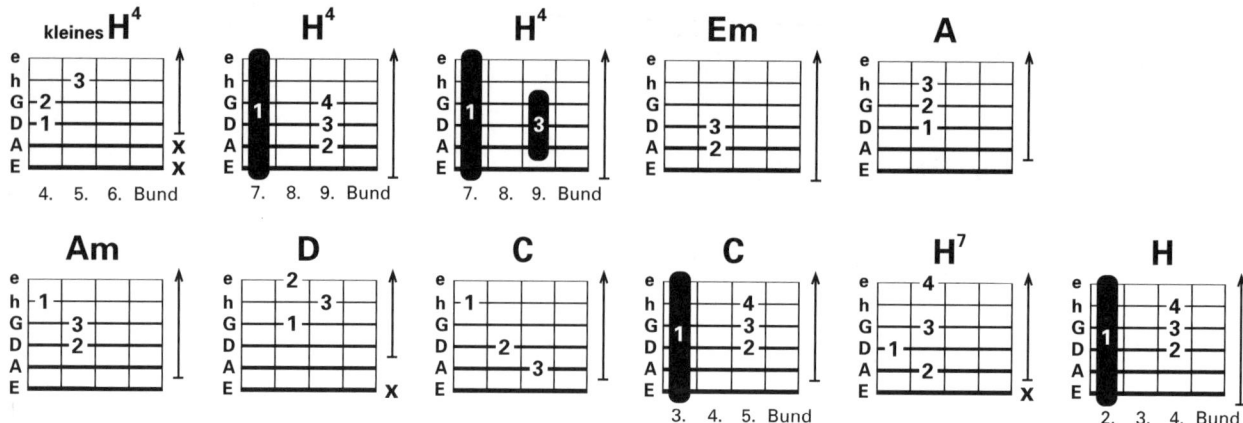

Ich habe dir für den H⁴-Griff drei verschiedene Möglichkeiten aufgeschrieben. Entscheide selbst welcher Griff für dich am einfachsten zu spielen ist. Falls du die Barrégriffe gut greifen kannst, dann spiele den C-Griff im 3. Bund und für H⁷- den H-Griff im 2. Bund.

Jetzt zeige ich dir die Anschlagtechnik für das

Vorspiel:

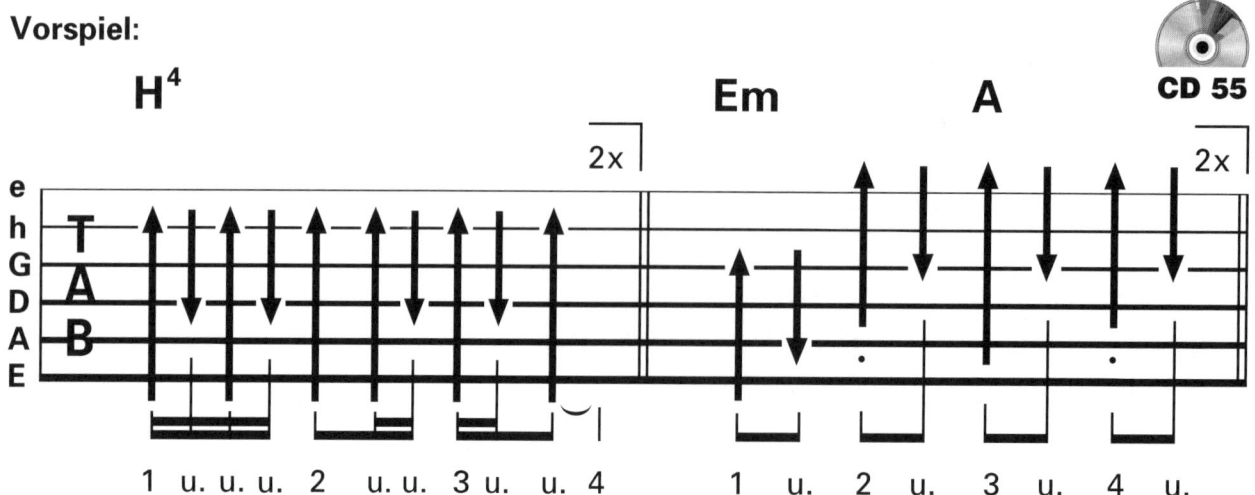

Ich habe hier den im 7. Bund gegriffenen H⁴-Griff ausgewählt. Wenn du den einfachen H⁴-Griff spielen willst, dann schlage mit der gleichen Technik nur die untersten vier Saiten an.

Du musst am Anfang 1/16-Anschläge (⊔) spielen. Das heißt, du schlägst die Saiten hier doppelt so schnell an wie die 1/8-Anschläge (⊔). Das übst du zuerst so langsam wie möglich, bis du die richtige Rhythmik spielen kannst.

Versuche beim Em-Griff und A-Griff den Anschlag bei den Taktteilen 2 und 4 abgestoppt zu spielen (s. die Punkte unter den Pfeilen). Dabei legst du direkt nach dem Anschlag den kleinen Finger der linken Hand möglichst leicht auf alle Saiten, die du angeschlagen hast.

Ich habe dir dieses Vorspiel beim **CD-Beispiel 55** so aufgenommen, dass du es in verschiedenen Geschwindigkeiten üben kannst.

Beim Zwischen- und Nachspiel spielst du das Gleiche. Bei der Strophe spielst du Em und A genauso wie beim Vorspiel. Nur das letzte Em stoppst du ab.

Jetzt zeige ich dir die Anschlagtechnik zum Refrain:

Anschlagtechnik (Refrain):

CD 56

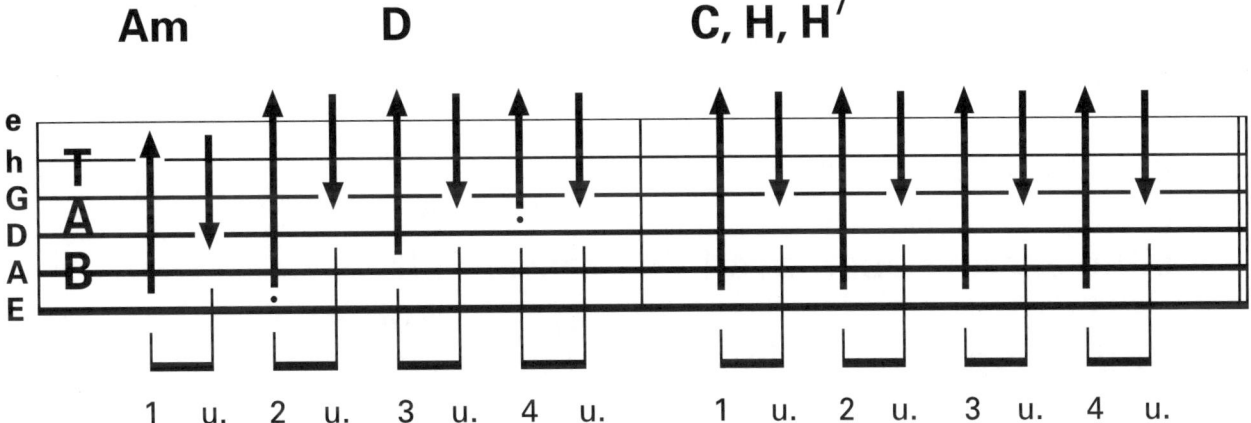

Stoppe auch hier wieder die Griffe beim 2. und 4. Taktteil ab. Die Griffe C, H oder H⁷ spielst du ohne abstoppen. Em und A spielst du genauso wie in den Strophen, oder wie beim Vorspiel.
Beim **CD-Beispiel 56** spiele ich dir diese Anschlagtechnik sowie die erste Strophe und den Refrain schön langsam vor.

Anfangston beim Singen: D-Saite im 2. Bund greifen (Ton E).

Zwischen den Strophen und dem Refrain spielen The Shocking Blue noch einen bestimmten Melodielauf. Und der geht so:

Melodielauf:

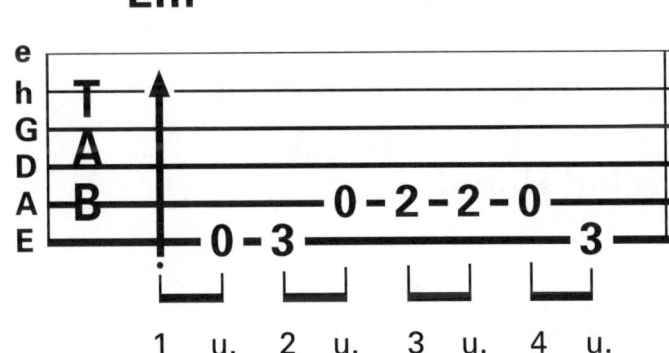

CD 57

Hier spielst du zuerst den abgestoppten Em-Griff vom Schluss der Strophe. Dann schlägst du die dicke E-Saite leer an, dann spielst du sie im 3. Bund an usw.
Nach diesem Melodielauf spielst du sofort mit dem Am-Griff des Refrains weiter.
Höre es dir beim **CD-Beispiel 57** genau an und spiele einfach mit.

 THE SHOCKING BLUE spielen *Venus* mit den gleichen Griffen. Du kannst also sofort zur Originalaufnahme mitspielen.

Puff (the magic dragon)

Peter, Paul & Mary

Words and Music by Peter Yarrow and Leonard Lipton
© 1963 Pepamar Music Corp and Honalee Melodies, USA (70%)
Warner/Chappell North America Ltd, London W6 8BS.
Reproduced by permission of Faber Music Ltd.

```
        G            Hm        C              G
1.  Puff, the magic dragon lived by the sea,
            C              G        Em
    And frolicked in the autumn mist,
            A⁷                      D⁷
    In a land called Honah-Lee.
        G            Hm        C              G
    Little Jackie Paper loved that rascal Puff,
            C                         G        Em
    And brought him strings and sealing wax,
            A⁷      D⁷      G    D⁷
    And other fancy stuff. Oh!


        G                  Hm        C              G
R:  Puff, the magic dragon lived by the sea,
            C              G        Em
    And frolicked in the autumn mist,
            A⁷                      D⁷
    In a land called Honah-Lee.
        G                  Hm        C              G
    Puff, the magic dragon lived by the sea,
            C              G        Em
    And frolicked in the autumn mist,
            A⁷              D⁷      G    D⁷
    In a land called Honah-Lee.


            G                    Hm
2.  Together they would travel,
              C                  G
    On a boat with billowed sail.
    C            G      Em
    Jackie kept a lookout perched,
            A⁷                  D⁷
    On Puff's gigantic tail.
```

112

```
G                        Hm
Noble kings and princes,
              C                        G
Would bow whenever they came.
C                   G            Em
Pirate ships would lower their flag,
        A⁷              D⁷      G      D⁷
When Puff roared out his name. Oh!


G                    Hm        C              G
R:  Puff, the magic dragon lived by the sea,
          C                  G          Em
    And frolicked in the autumn mist,
          A⁷                    D⁷
    In a land called Honah-Lee.
G                    Hm        C              G
    Puff, the magic dragon lived by the sea,
          C                  G          Em
    And frolicked in the autumn mist,
          A⁷              D⁷      G    D⁷
    In a land called Honah-Lee.


        G                    Hm
3.  A dragon lives forever,
          C            G
    But not so little boys.
    C                      G    Em
    Painted wings and giant rings,
            A⁷                  D⁷
    Make way for other toys.
    G                    Hm
    One grey night it happened,
            C                  G
    Jackie Paper came no more.
          C                  G    Em
    And Puff that mighty dragon,
          A⁷              D⁷      G    D⁷
    He ceased his fearless roar. Oh!
```

```
          G                       Hm
4.  His head was bent in sorrow,
     C                         G
    Green scales fell like rain.
     C              G        Em
    Puff no longer went to play,
      A⁷                 D⁷
    Along the cherry lane.
          G                       Hm
    Without his life-long friend,
     C                     G
    Puff could not be brave.
          C                   G        Em
    So Puff that mighty dragon, sadly
    A⁷              D⁷      G    D⁷
    Slipped into his cave. Oh!


         G                  Hm         C              G
R:  Puff, the magic dragon lived by the sea,
              C               G        Em
    And frolicked in the autumn mist,
           A⁷                    D⁷
    In a land called Honah-Lee.
    G                  Hm         C              G
    Puff, the magic dragon lived by the sea,
              C               G        Em
    And frolicked in the autumn mist,
           A⁷                D⁷      G  D⁷
    In a land called Honah-Lee.
```

Puff (the magic dragon) basiert auf einem Gedicht von Leonard Lipton, einem Freund von Peter Yarrow, dem Gitarristen von PETER, PAUL & MARY. Es handelt vom Verlust kindlicher Unschuld und dem Auseinandersetzen mit der Erwachsenenwelt. Es geht also nicht um das Rauchen von Mariuhana, wie einige meinen. Peter gefiel dieses Gedicht so sehr, dass er daraus einen Song machte. Als die Gruppe *Puff (the magic dragon)* auf ihrem zweiten Album veröffentlichte, wurde er einer ihrer populärsten Hits.

Es gibt auch mehrere bekannte deutsche Versionen, gesungen u. a. von Marlene Dietrich, Rolf Zuckowsky und der Gruppe Rosenstolz. Du findest den deutschen Text, mit den entsprechenden Gitarrengriffen, nach den ganzen Spielerklärungen.

Griffe:

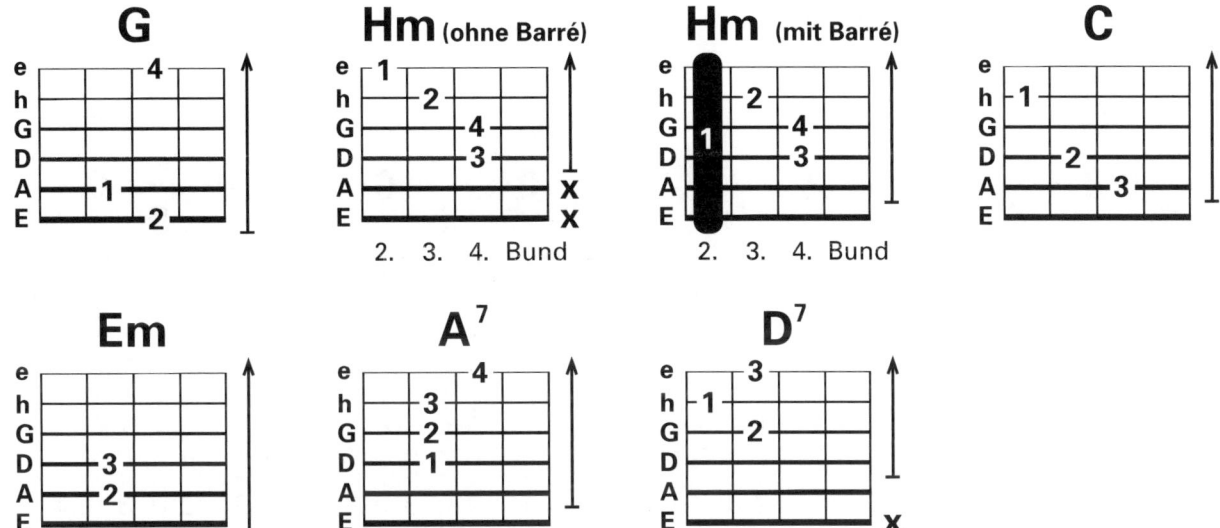

Hier kannst du wieder zwischen dem kleinen und dem großen Hm-Griff wählen. Wenn du alles gut wechseln kannst, dann versuche damit folgende

Anschlagtechnik:
(s. Gitarrenbuch Seite 50)

CD 58

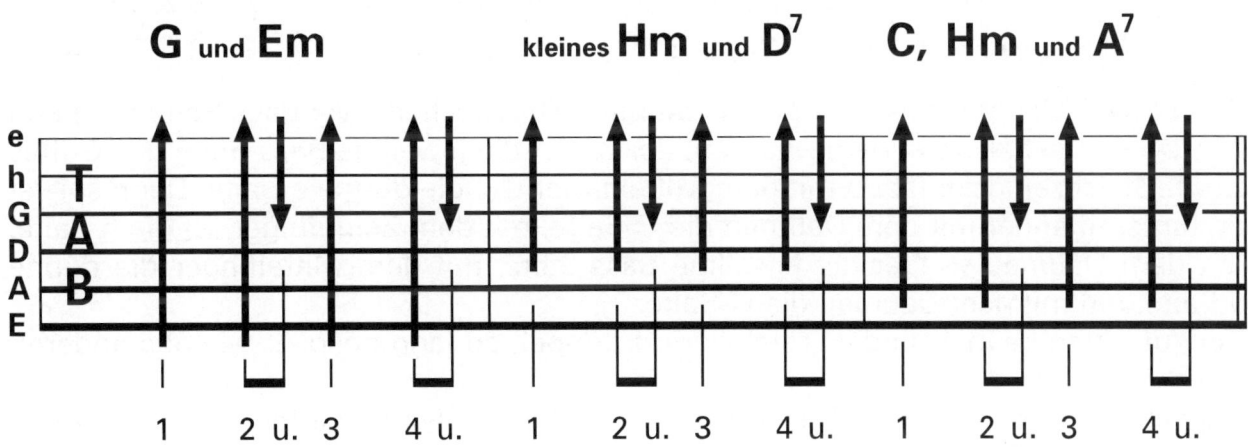

Du siehst hier, welche Saiten du bei welchen Griffen anschlagen sollst. Die passenden Griffe siehst du über der Tabulatur. Manchmal wechselst du schon die Griffe innerhalb eines Taktes. Dann machst du das ab Taktteil 3.

Du kannst dir diese Spieltechnik beim **CD-Beispiel 58** anhören.

Wenn das gut klappt, dann versuche mal folgende

Pickingtechnik:
(s. Gitarrenbuch 2, ab Seite 108 und Zupftechniken, ab Seite 78)

CD 59

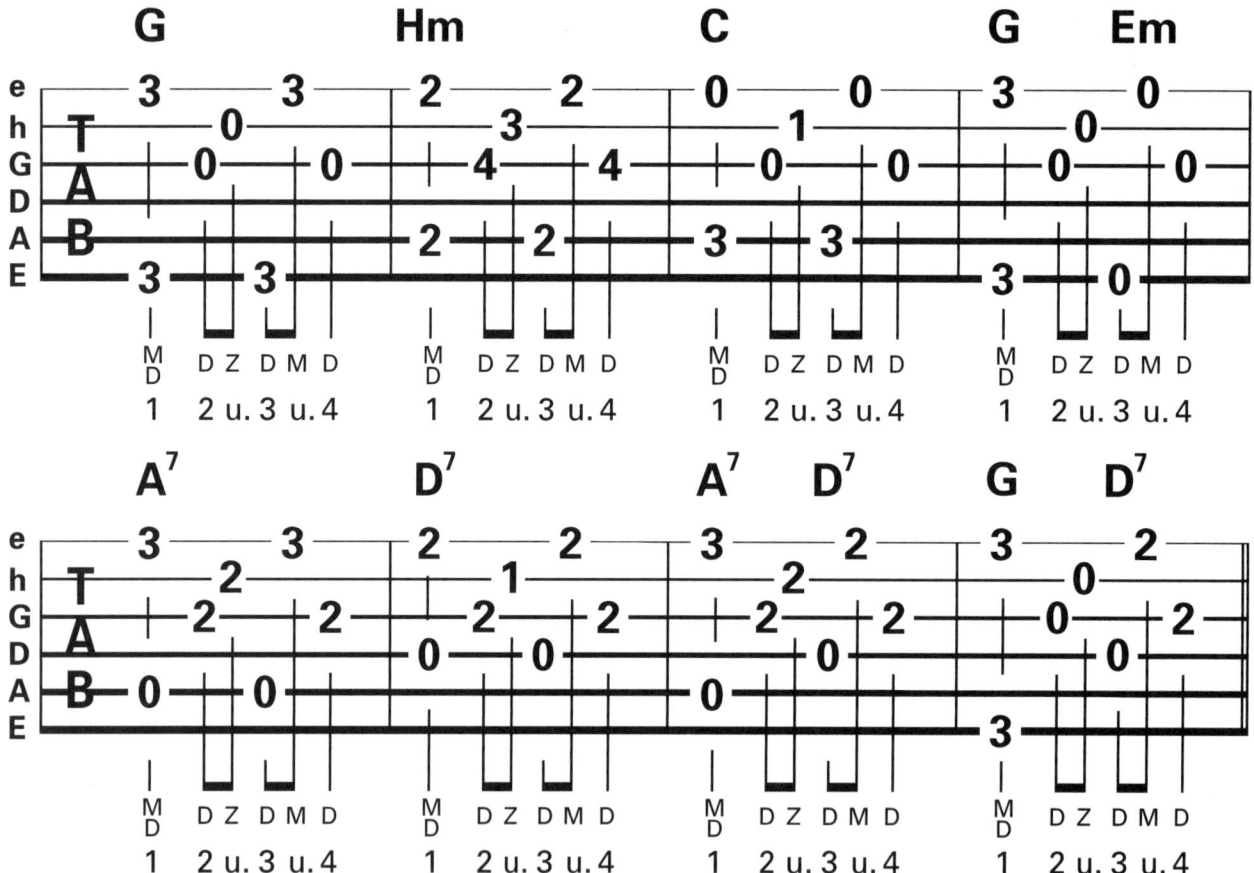

Bei dieser Pickingtechnik springt der Daumen (D) zwischen zwei Bass-Saiten hin und her. Du startest also mit dem Daumen, der zuerst die jeweilige Bass-Saite des Griffes zupft. Gleichzeitig zupfst du mit dem Mittelfinger (M) die dünne e-Saite. Dann spielst du hintereinander mit dem Daumen die G-Saite, mit dem Zeigefinger (Z) die h-Saite, mit dem Daumen wieder die jeweilige Bass-Saite, mit dem Mittelfinger die dünne e-Saite und mit dem Daumen die G-Saite.
Der Anschlag beim 1. und 4. Taktteil wird doppelt so lang gespielt wie alle anderen Anschläge.
Ich habe dir hier auch die Pickingtechnik für alle möglichen Griffwechsel innerhalb eines Taktes aufgeschrieben.

Höre sie dir beim **Tonbeispiel 59** genau an. Hier spiele ich dir auch die erste Strophe schön langsam vor. Der Refrain hat die gleiche Melodie.

Anfangston beim Singen: leere G-Saite anschlagen!

PETER, PAUL & MARY spielen *Puff (the magic dragon)* in A.
Befestige deinen Kapodaster im 2. Bund, dann kannst du sofort zur Original-aufnahme mitspielen.

Hier noch die deutsche Version:

Paff, der Zauberdrache

     G   **Hm**   **C**   **G**
1. Paff, der Zauberdrache, lebte am Meer.
          C   **G** **Em**   **A**^{7} **D**^{7}
Auf einem Inselparadies, doch das ist schon lange her.
          G   **Hm**   **C**   **G**
Der kleine Jacky Paper, liebte den Paff so sehr.
          C   **G**   **Em**   **A**^{7} **D**^{7} **G** **D**^{7}
Und ritt auf Paff vergnügt und froh, oft über Land und Meer.

     G   **Hm**   **C**   **G**
R: Paff, der Zauberdrache, lebte am Meer.
          C   **G** **Em**   **A**^{7} **D**^{7}
Auf einem Inselparadies, doch das ist schon lange her.
     G   **Hm**   **C**   **G**
Paff, der Zauberdrache, lebte am Meer.
          C   **G** **Em**   **A**^{7} **D**^{7} **G** **D**^{7}
Auf einem Inselparadies, doch das ist schon lange her.

          G   **Hm**   **C**   **G**
2. Und lockte sie die Ferne, schwamm Paff bis nach Shanghai.
          C   **G**   **Em**   **A**^{7} **D**^{7}
Von seinem Rücken rief dann laut der Jacky froh: „Ahoi!"
          G   **Hm**   **C**   **G**
Die Schiffe der Piraten, die nahmen gleich Reißaus,
          C   **G**   **Em**   **A**^{7} **D**^{7} **G**   **D**^{7}
Und alle riefen: „Paff in Sicht, wir segeln schnell nach Haus".

```
          G              Hm        C            G
R:   Paff, der Zauberdrache, lebte am Meer.
           C           G   Em          A⁷                    D⁷
     Auf einem Inselparadies, doch das ist schon lange her.
         G              Hm        C            G
     Paff, der Zauberdrache, lebte am Meer.
            C           G   Em          A⁷              D⁷      G   D⁷
     Auf einem Inselparadies, doch das ist schon lange her.


             G                  Hm              C                    G
3.   Ein Drachen, der lebt ewig, doch kleine Boys, oh nein!
     C              G       Em          A⁷              D⁷
     Und so kam für Paff der Tag, und er war ganz allein.
     G              Hm        C                      G
     Jacky kam nie wieder, einsam lag Paff am Strand.
             C                G          Em
     Und hebt mit seinem Drachenschwanz
          A⁷      D⁷         G      D⁷
     hoch in die Luft den Sand.


             G                  Hm            C                G
4.   Er weinte Drachentränen, traurig war sein Blick.
              C              G      Em        A⁷              D⁷
     Doch seine Tränen brachten ihm den Jacky nie zurück.
            G          Hm            C                    G
     Weil er mit Klein-Jacky, den besten Freund verlor.
              C              G    Em          A⁷              D⁷      G  D⁷
     Schloss er sich in die Höhle ein und kam nie mehr hervor.


          G              Hm    C          G
R:  Paff, der Zauberdrache, lebte am Meer.
            C           G   Em          A⁷                    D⁷
     Auf einem Inselparadies, doch das ist schon lange her.
         G              Hm    C        G
     Paff, der Zauberdrache, lebte am Meer.
            C           G   Em          A⁷              D⁷      G
     Auf einem Inselparadies, doch das ist schon lange her.
```

Four strong winds

Neil Young

Words and Music by Ian Tyson
© (renewed) Four Strong Winds Limited
administered by WB Music Corp, USA.
Warner/Chappell North America Ltd, London W6 8BS.
Reproduced by permission of Faber Music Ltd.
All Rights Reserved

```
        C                        Dm
1.  Think I'll go out to Alberta,
                G                    C
    Weather's good there in the fall.
                                Dm            G
    I got some friends that I could go to working for.
                C                Dm
    Still I wish you'd change your mind,
         G                    C
    If I asked you one more time.
            Dm                F               G
    But we've been thru this a hundred times or more.


                C            Dm
R.  Four strong winds that blow lonely,
            G        C
    Seven seas that run high.
                            Dm            G
    All those things that don't change come what may.
            C                Dm
    If the good times are all gone,
            G                C
    Then I'm bound for moving on.
        Dm            F           G
    I'll look for you if I'm ever back this way.


            C                Dm
2.  If I get there before the snow flies,
            G                    C
    And if things are looking good,
                            Dm            G
    You could meet me if I send you down the fare.
            C                Dm
    But by then it would be winter,
```

          G   **C**
Not too much for you to do,
          Dm   **F**   **G**
And those winds sure can blow cold way out there.

                C   **Dm**
R. Four strong winds that blow lonely,
              G   **C**
Seven seas that run high.
                               Dm   **G**
All those things that don't change come what may.
          C   **Dm**
If the good times are all gone,
           G   **C**
So I'm bound for moving on.
          Dm   **F**   **G**
I'll look for you if I'm ever back this way.

                C   **Dm**
R. Four strong winds that blow lonely,
              G   **C**
Seven seas that run high.
                               Dm   **G**
All those things that don't change come what may.
          C   **Dm**
If the good times are all gone,
           G   **C**
And I'm bound for moving on.
          Dm   **F**   **G**
I'll look for you if I'm ever back this way.
          Dm   **F**   **G**
I'll look for you if I'm ever back this way.

Four strong winds ist ein Song-Klassiker aus Kanada. Geschrieben von Ian Tyson vom bekannten Folk-Duo Ian & Sylvia. Er ist ein Song über das Umherwandern, auf Freunde und Familie auf der Suche nach einem Traum zu verzichten. Das passt auch zu NEIL YOUNGS Lebensgeschichte, der *Four strong winds* auf seinem erfolgreichen Album „Comes A Time" veröffentlichte. Er gehört zu seinen Lieblingssongs, den er schon zu seinen Anfängen auf Partys gespielt hatte.

Griffe:

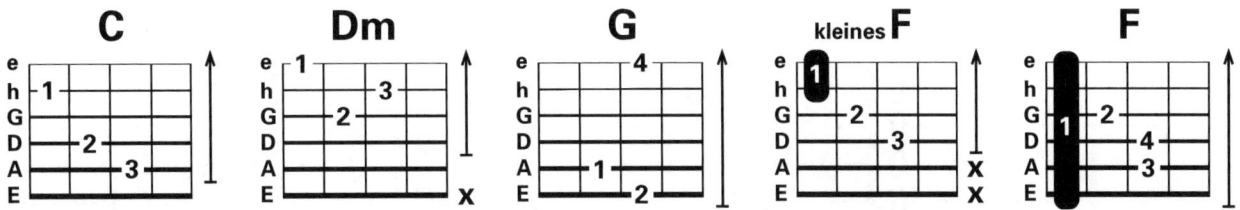

Hier kannst du wieder zwischen dem kleinen und großen F-Griff wählen.

Anschlagtechnik:
(s. Gitarrenbuch Seite 40 und 50)

CD 60

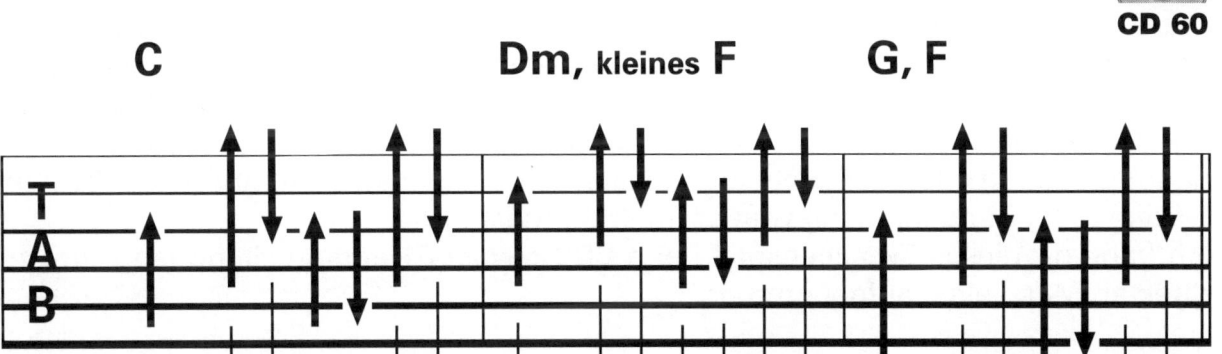

Du „mixt" hier zwei verschiedene Anschlagtechniken. Du greifst zuerst den C-Griff und schlägst nur die A-, D- und G-Saite von oben nach unten hin an. Dann schlägst du wieder von oben nur die vier dünnsten Saiten an. Danach nur die drei dünnsten Saiten, diesmal von unten nach oben. Nun schlägst du wieder nur die Bass-Saiten von oben und von unten hin an. Zum Schluss machst du das Gleiche mit den untersten Saiten.

Rhythmisch klingt nur der erste Anschlag (Viertelanschlag) doppelt so lang wie die anderen Anschläge (Achtelanschlag).

Achte darauf, dass du den 2. und 4. Taktteil betonst. Dadurch swingt die Begleitung. Höre es dir beim **CD-Beispiel 60** genau an. Hier spiele ich dir auch den Refrain schön langsam vor. Die Strophen haben die gleiche Melodie.

Anfangston beim Singen: E-Saite im 3. Bund greifen (Ton G).

NEIL YOUNG spielt am Ende jeder Strophe und jeden Refrains ein kleines Zwischenspiel. Und das geht so:

Zwischenspiel:

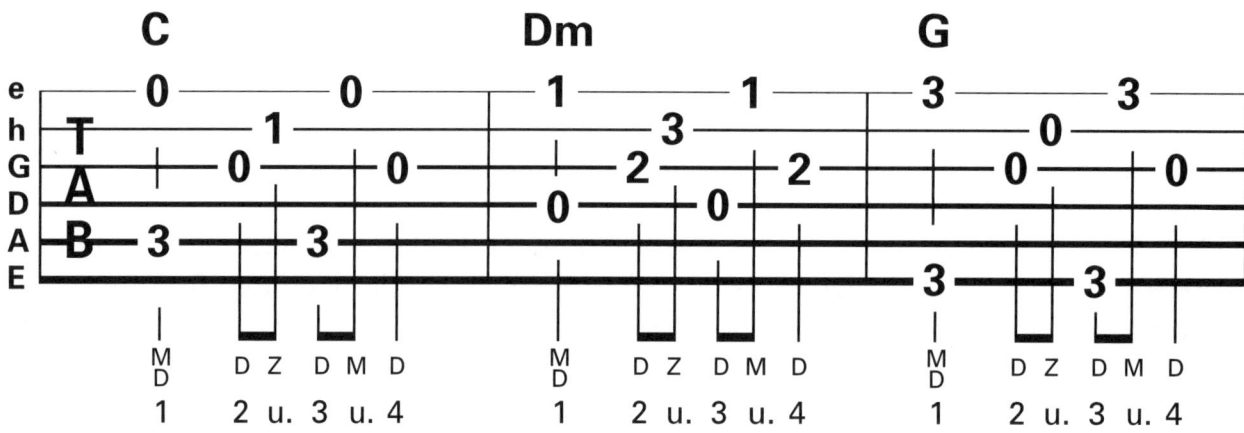

Diese Anschlagtechnik ist ähnlich wie die vorherige, nur greifst du hier die dünne e-
und h-Saite in verschiedenen Bünden. Die Zahlen neben den Pfeilen (Anschlagsrich-
tungen) zeigen dir, welche Bünde du greifen musst. 0 = leere Saite, 1 = 1. Bund usw.
du musst also z. B. beim 3. Taktteil den kleinen Finger vom G-Griff wegnehmen,
damit du hier die dünne e-Saite leer (0) anschlagen kannst. Dann greifst du die dünne
e-Saite im 1. Bund (1), dann wieder im 3. Bund usw.
Ich habe dir dieses Zwischenspiel beim **CD-Beispiel 61** entsprechend langsam, zum
direkten Mitspielen, aufgenommen.

Wenn du diesen Song mit einer Zupftechnik begleiten möchtest, dann versuche fol-
gende

Pickingtechnik:
(s. Gitarrenbuch 2, Seite 109 und Zupftechniken, ab Seite 78)

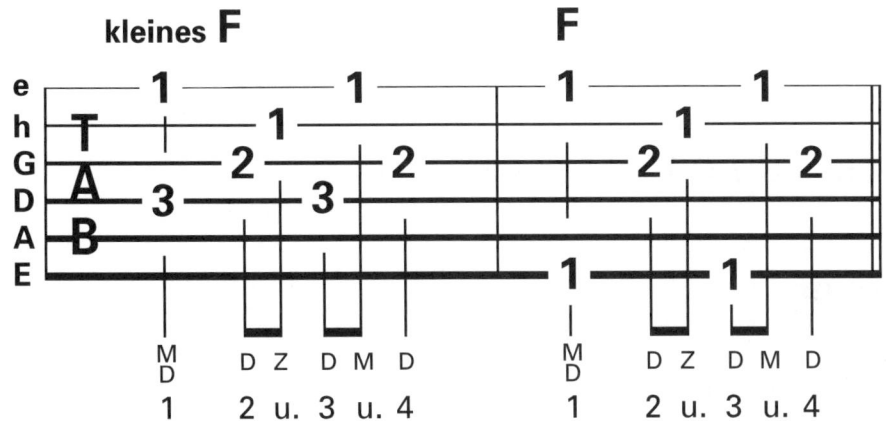

Du zupft nur am Anfang mit dem Daumen (D) und Mittelfinger (M) zwei Saiten gleichzeitig. Sonst zupfst du alles einzeln hintereinander.

Höre Dir dazu das **CD-Beispiel 62** an und spiele einfach mit.

 NEIL YOUNG spielt *Four strong winds* mit den gleichen Griffen. Du kannst also sofort zur Originalaufnahme mitspielen.

Neil Young

Photo: PhotoStation/Heeg

Whiskey in the jar

Metallica, Thin Lizzy

Bearbeitung: Peter Bursch
© Voggenreiter Verlag, Bonn

Vorspiel: G F^(#) / Em / Em / G / G F^(#) / Em / Em / G / G

      G
1. As I was going over
      Em
    The Cork and Kerry mountains,
    C
    I saw Captain Farrell
       G
    And his money he was countin'.

    I first produced my pistol
      Em
    And then produced my rapier.
     C
    I said: "Stand and deliver
      G
    Or the devil he may take ya".

Zwischenspiel: G F^(#) / Em / Em / G / G F^(#) / Em / Em / G / G

      G
2. I took all of his money
      Em
    And it was a pretty penny.
    C
    I took all of his money, yeah
   G
    I brought it home to Molly.

    She swore that she'd love me,
   Em
    Never would she leave me
 C
    But the devil take that woman, yeah
      G
    For you know she treat me easy.

124

$\qquad$ **D** $\qquad\qquad\qquad$ **(C♯)**
R. Musha ring dum a doo dum a da.

$\quad$ **C**

$\quad$ Whack for my daddy-o,

$\quad$ **C**

$\quad$ Whack for my daddy-o,

$\qquad\qquad$ **G**

$\quad$ There's whiskey in the jar-o.

Zwischenspiel: G F♯⁽⁾ / Em / Em / G / G F♯⁽⁾ / Em / Em / G / G

$\qquad\qquad$ **G**

3. Being drunk and weary

$\qquad$ **Em**

$\quad$ I went to Molly's chamber.

$\quad$ **C**

$\quad$ Takin' my money with me

$\qquad$ **G**

$\quad$ And I never knew the danger.

$\quad$ For about six or maybe seven

$\quad$ **Em**

$\quad$ In walked Captain Farrell.

$\quad$ **C**

$\quad$ I jumped up, fired off my pistols

$\qquad$ **G**

$\quad$ And I shot him with both barrels.

$\qquad\qquad$ **D** $\qquad\qquad\qquad$ **(C♯)**
R. Musha ring dum a doo dum a da.

$\quad$ **C**

$\quad$ Whack for my daddy-o,

$\quad$ **C**

$\quad$ Whack for my daddy-o,

$\qquad\qquad$ **G**

$\quad$ There's whiskey in the jar-o.

Zwischenspiel: G F♯⁽⁾ / Em / Em / G / G F♯⁽⁾ / Em / Em / G / G

          G

4. Now some men like the fishin'

      Em

And some men like the fowlin'.

C

And some men like to hear,

      G

To hear the cannon ball a-roarin'.

Me I like sleepin'

Em

Specially in my Molly's chamber.

C

But here I am in prison,

      G

Here I am with a ball and chain, yeah.

              D   **(C$^\sharp$)**

R. Musha ring dum a doo dum a da.

  C

Whack for my daddy-o,

  C

Whack for my daddy-o,

       G

There's whiskey in the jar-o.

Zwischenspiel: G F$^{(\sharp)}$ / Em / Em / G / G F$^{(\sharp)}$ / Em / Em / G / G

  G

Musha ring dum a doo dum a da (4x)

Mit diesem berühmten irischen Trinklied haben verschiedene Bands Hit-Erfolge gehabt. In den 60er Jahren die DUBLINERS, in den 70er Jahren die irische Rockband THIN LIZZY und in den 90er Jahren die amerikanische Metalband METALLICA. Die Originalversion von den DUBLINERS findest du in meinen Gitarrenbüchern 1 und 2. THIN LIZZY spielen diesen Song so wie hier erklärt, ohne die Griffe in den Klammern. Für den F#-Griff spielen sie z. B. ein F. METALLICA spielen *Whiskey in the jar* mit den Klammergriffen, aber sie stimmen ihre Gitarre einen Ton tiefer. Sie benutzen also die gleichen Griffe wie hier angegeben, aber sie spielen diesen Song in Wirklichkeit in F.

Griffe:

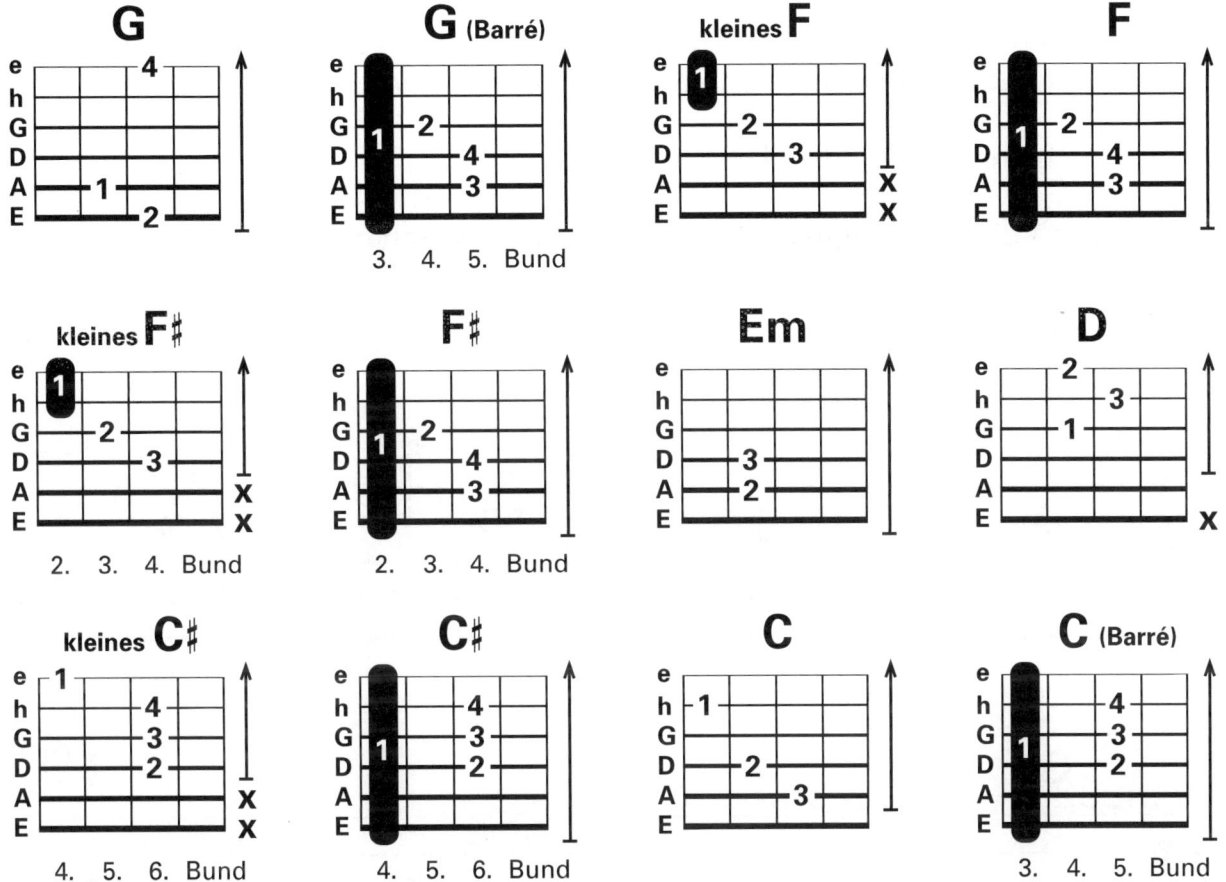

Du kannst hier zwischen den einfachen Griffen und den Barrégriffen wählen. Entscheide selbst. Wenn du alle Griffe gut wechseln kannst, dann versuche damit folgende

Anschlagtechnik
(s. Gitarrenbuch 2 Seite 12)

CD 63

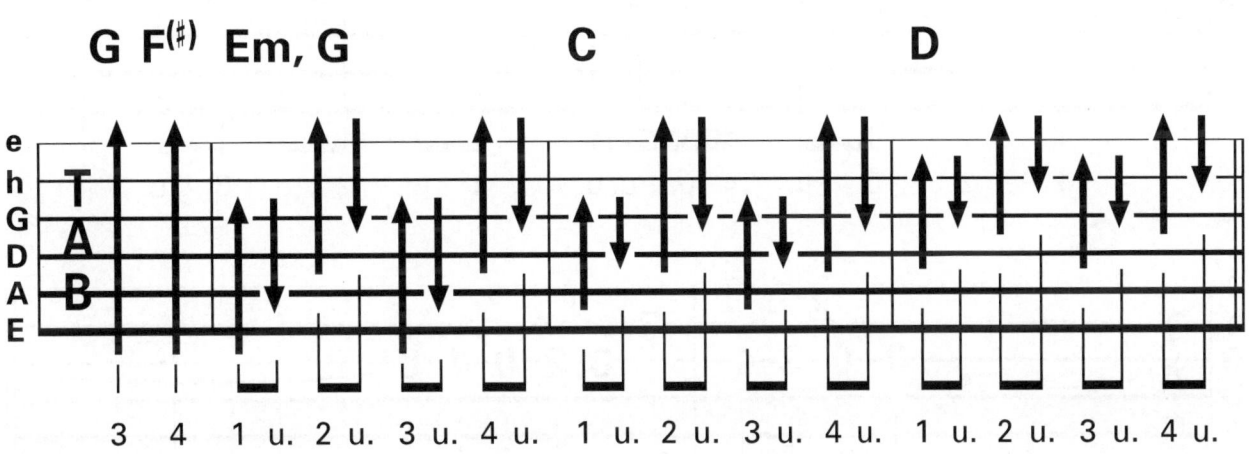

Du siehst über der Tabulatur, welche Griffe zu welchen Anschlagtechniken passen.
Wenn du die kleinen Barrégriffe greifst, dann schlägst du nur die untersten vier Saiten
an.
Höre dir dazu das **CD-Beispiel 63** an. Hier spiele ich dir diese Anschlagtechnik mit der
ersten Strophe und dem Refrain entsprechend langsam vor.

Anfangston beim Singen: leere D-Saite anspielen!

Jetzt zeige ich dir die Sologitarre für das Vor- bzw. Zwischenspiel.

Vor- und Zwischenspiel (Solo):

CD 64

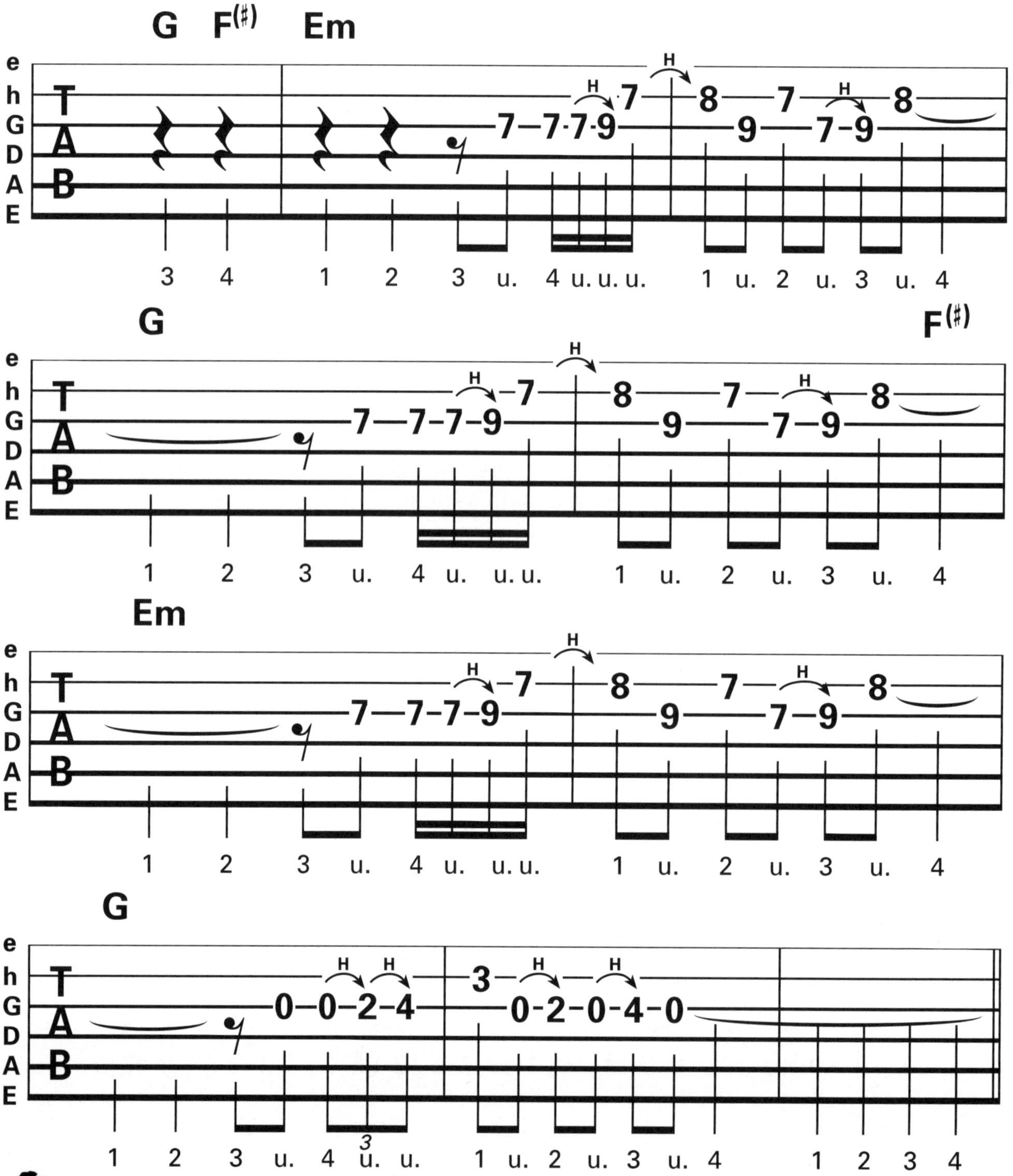

Es fängt mit dem Auftakt an. Hier spielt nur die Rhythmusgitarre. Dann greifst du mit dem Zeigefinger der linken Hand in den 7. Bund der G- und h-Saite. Jetzt schlägst du nur die G-Saite ab dem Taktteil 3u. dreimal an. Danach hämmerst du den Ringfinger in den 9. Bund der G-Saite und schlägst direkt danach die h-Saite im 7. Bund an. Das spielst du rhythmisch doppelt so schnell wie die vorhergehenden Anschläge.

Dann hämmerst du den Mittelfinger in den 8. Bund der h-Saite und spielst danach im 9. Bund auf der G-Saite weiter usw.

Achte auf die Haltebögen (‿). Hier lässt du den angeschlagenen Ton über die angegebenen Taktteile hin ausklingen.

Über der Tabulatur siehst du Griffe für die Rhythmusgitarre.

Ich habe dir dieses Solo beim **CD-Beispiel 64** so langsam aufgenommen, dass du direkt mitspielen kannst. Hier hörst du auch die Rhythmus- und Sologitarre in Stereo. Wenn du einen Balanceregler an deiner Stereoanlage hast, dann kannst du dir zum Üben die eine oder andere Seite leiser oder lauter drehen. Mit dem Kopfhörer geht das genauso. Du brauchst nur den Hörer auf der einen oder anderen Seite etwas vom Ohr weg schieben.

Wenn du *Whiskey in the jar* wie METALLICA spielen möchtest, dann brauchst du eine E-Gitarre mit entsprechendem „Bratsound". Das heißt, du musst deinen Verstärker so einstellen können, dass der Ton richtig fett und verzerrt klingt (z. B. den Gain- oder zweiten Volumeregler voll aufdrehen). Wenn das nicht geht, dann brauchst du ein zusätzliches Effektgerät mit Metal-, Distortion- oder Heavy-Sound-Möglichkeiten (s. mein Rock-Gitarrenbuch ab Seite 17).

Die Rock-Gitarristen spielen mit diesem Sound nicht die normalen Griffe, sondern spezielle Rock-Griffe (Power-Chords). Die musst du zuerst üben!

Rock-Griffe (Power-Chords):

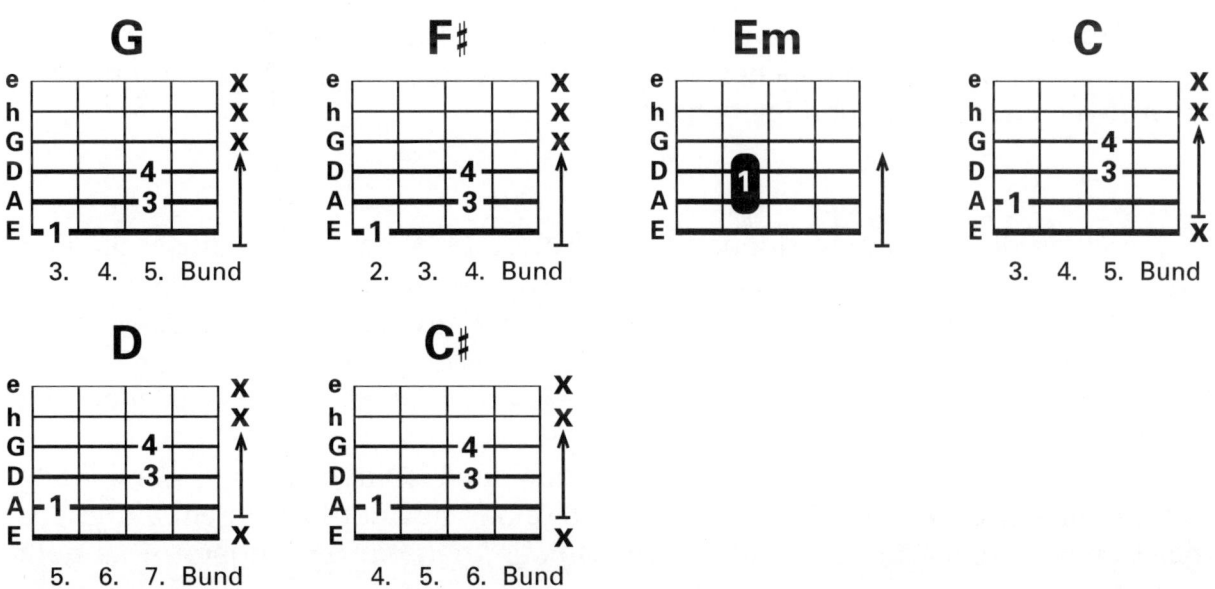

Wie du hier siehst, machen es sich die Rock-Gitarristen sehr leicht. Sie greifen nur die Bass-Saiten der normalen Griffe. Das macht z. B. das Spielen der Barrégriffe viel leichter. Du darfst aber nur die Saiten anschlagen, die du auch greifst. Bei Em spielst du noch zusätzlich die leere E-Saite an. Durch den speziellen Gitarrensound klingen die Griffe trotzdem sehr voll und gut.

Wenn du alles gut greifen und wechseln kannst, dann versuche damit folgende

Anschlagtechnik:
(s. Rock-Gitarrenbuch ab Seite 31)

CD 65

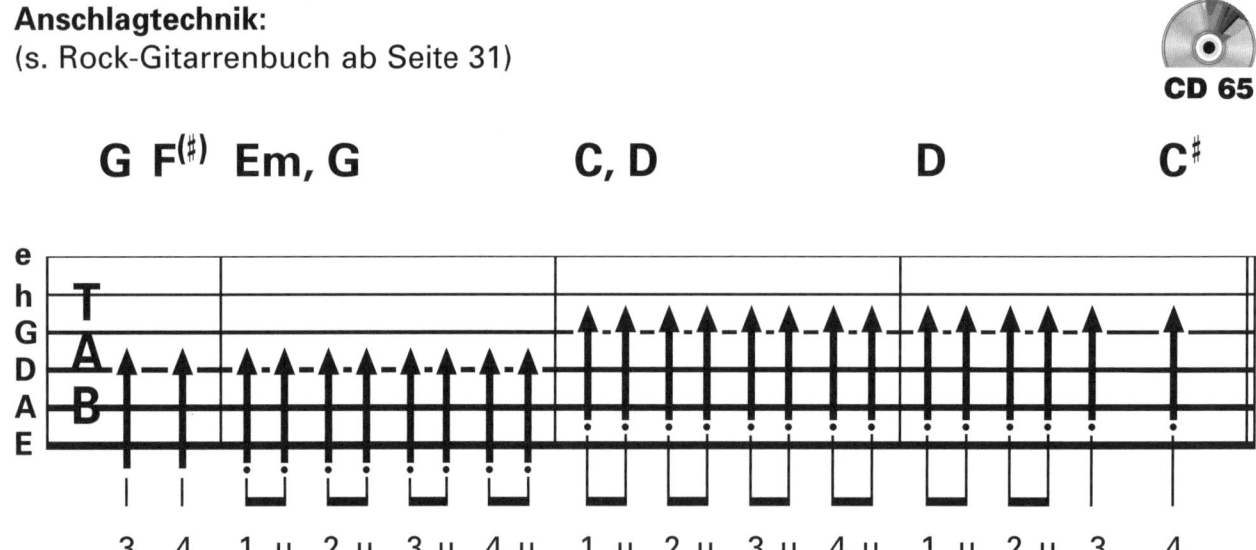

Du beginnst wieder mit dem Auftakt. Dabei greifst du die Griffe G und F# und schlägst nur die drei Bass-Saiten an. Bei Em machst du das Gleiche. Zusätzlich dämpfst du beim Anschlagen die Saiten mit dem rechten Handballen ab. Dabei legst du den Handballen so auf den Steg, dass die E-, A- und D-Saite nicht frei schwingen können. Mit dieser Handhaltung schlägst du mit einem Plektrum oder Daumenring, die Saiten an (s. a. mein Buch „Rock Gitarre").

Höre es dir beim **CD-Beispiel 65** genau an. Wenn es bei dir noch nicht genauso klingt, dann verschiebe den Handballen etwas nach vorne oder mehr zum Steg hin. Mach das mehrmals, bis du den gleichen Sound hast wie ich. Dann brauchst du nur noch die Griffwechsel zu üben und los geht's!

Wenn du die Originalaufnahme von METALLICA hast, dann musst du alles einen Ton tiefer spielen oder deine Gitarre einen Ton tiefer stimmen.
Wenn du einen Ton tiefer spielen willst, dann greifst du für jedes G ein F, für Em ein Dm, für C ein B, für D ein C, für C# ein H und für F# ein E.
Beim Solo verschiebst du alles um zwei Bünde tiefer. Du startest also jetzt auf der G-Saite im 5. Bund!
Falls du die Gitarre umstimmst, dann wird aus der E-Saite ein D, aus der A-Saite ein G, aus der D-Saite ein C, aus der G-Saite ein F, aus der h-Saite ein a und aus der dünnen e-Saite ein d. Benutze zum Umstimmen ein Stimmgerät. Das geht leichter. Viel Spaß mit *Whiskey in the jar.*

Dream a little dream of me   The Mamas &The Papas

Musik & Text: Gus Kahn, Wilbur Schwandt, Fabian Andre
© EMI Music Publishing France SA.
Mit freundlicher Genehmigung der
EMI Music Publishing Germany GmbH.

Vorspiel: C A° / A♭7 G6 (2x)

    C   A°   A♭7   G6
1. Stars shining bright above you,
    C   C/H   A7   A
    Night breezes seem to whisper "I love you".
    F   Fm
    Birds singing in a sycamore tree:
     C   A♭7   G6
    "Dream a little dream of me."

    C   A°   A♭7   G6
2. Say "nightie-night" and kiss me,
    C   C/H   A7   A
    Just hold me tight and tell me you'll miss me.
    F   Fm
    While I'm alone and blue as can be,
    C   A♭7 G6 C   E7
    Dream a little dream of me.

    A   F♯m   Hm   E7   A   F♯m   Hm E7
R. Stars fading but I linger on, dear, still craving your kiss
    A   F♯m   Hm   E7   A   F♯m   A♭7 G6
    I'm longing to linger till dawn, dear, just saying this:

    C   A°   A♭7   G6
3. Sweet dreams till sunbeams find you,
    C   C/H   A7   A
    Sweet dreams that leave all worries behind you.
    F   Fm
    But in your dreams whatever they be,
    C   A♭7   G6 C
    Dream a little dream of me.

Instrumental: wie 2. Strophe

131

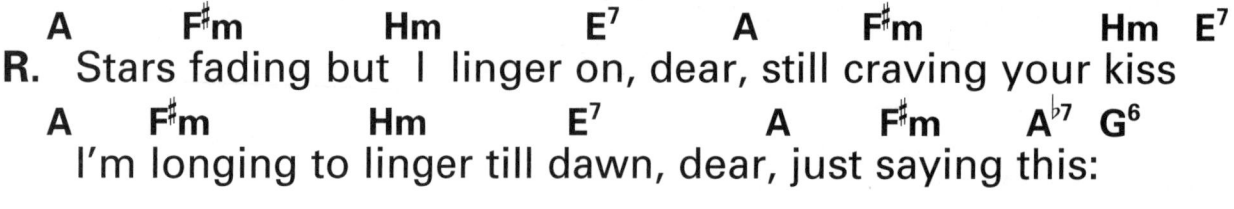

| | A | F#m | Hm | E⁷ | A | F#m | Hm | E⁷ |

R. Stars fading but I linger on, dear, still craving your kiss

| | A | F#m | Hm | E⁷ | A | F#m | A♭⁷ | G⁶ |

I'm longing to linger till dawn, dear, just saying this:

| | C | A° | A♭⁷ | G⁶ |

4. Sweet dreams till sunbeams find you,

| | C | C/H | A⁷ | A |

Sweet dreams that leave all worries behind you.

| | F | Fm |

But in your dreams whatever they be,

| | C | A♭⁷ | G⁶ | C |

Dream a little dream of me.

Nachspiel: (C) A° / A♭⁷ G⁶ (5x)

Dieser Song wurde zum ersten Mal 1931 vom Wayne King Orchester aufgenommen. Später u. a. von Frank Sinatra und Louis Armstrong. Die populärste Aufnahme ist allerdings die von THE MAMAS & THE PAPAS von 1968, mit Mama Cass Elliot als Lead-Sängerin. *Dream a little dream of me* war einer der letzten Hits für die Band (nach u. a. *California Dreamin'*, *Monday, Monday*, *Creeque Alley*). Danach lösten sie sich auf und jeder versuchte eine Solokarriere. THE MAMAS & THE PAPAS zählten mit ihrem beeindruckendem Gruppengesang zu den Pionieren des amerikanischen „Westcoast-Sounds".

Griffe:

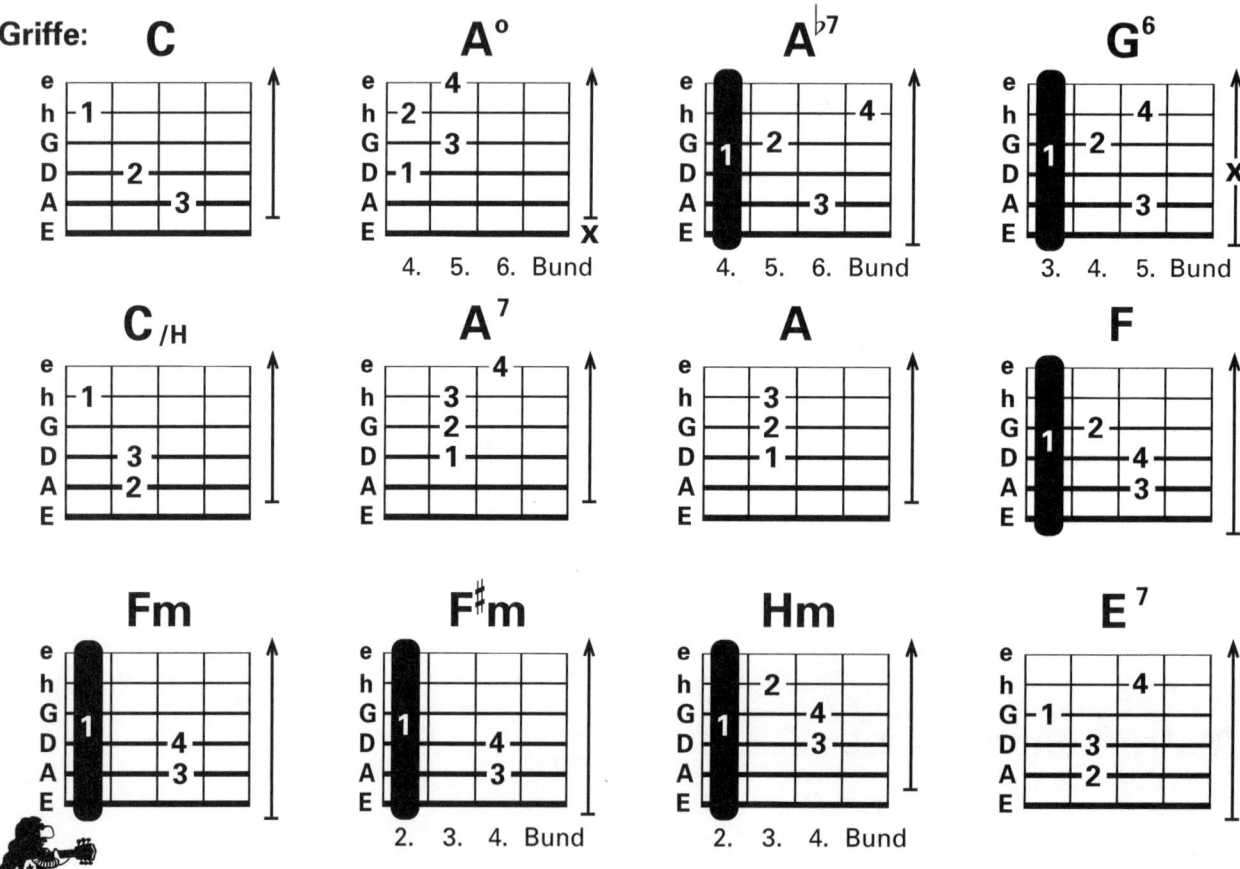

132

Hier siehst du einige Griffe, die nicht so einfach zu greifen sind, z. B. bei G⁶ musst du mit dem Ringfinger (3) zusätzlich die D-Saite so berühren, dass sie beim Anschlagen nicht klingt. Am besten ist es, wenn du jeden Griff so oft übst, bis du ihn auswendig kannst. Dann übe erst das Wechseln der Griffe.
Versuche dabei folgende Anschlagtechnik:

Einfache Anschlagtechnik:

CD 66

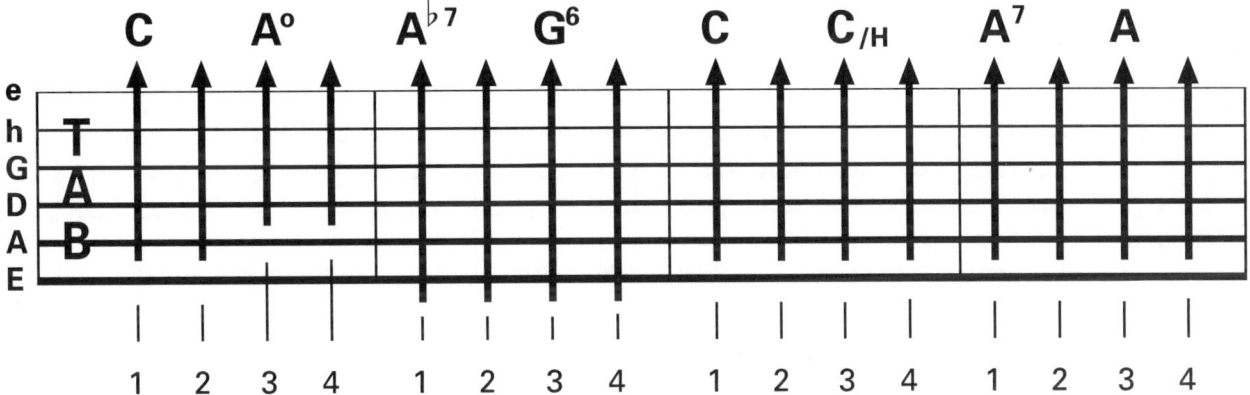

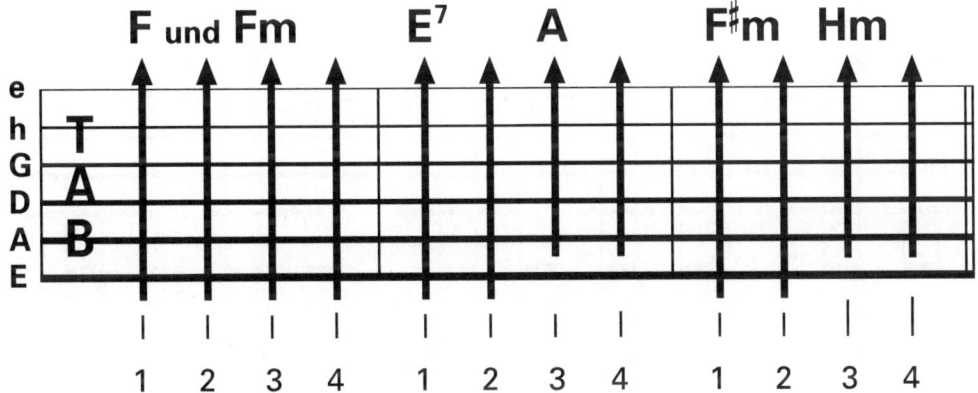

Du schlägst jeden Griff ganz einfach von oben nach unten hin an. Achte auf die entsprechende Pfeillänge in der Tabulatur. Die zeigt dir genau, welche Saiten du anschlagen sollst. Du kannst die Saiten mit dem Daumen, den Fingernägeln oder dem Plektrum anschlagen. Entscheide selbst!
Du wechselst die Griffe nach jeweils zwei Anschlägen; außer beim F- und Fm-Griff. Hier spielst du jeden Griff vier Mal an.
Außerdem spielst du den G⁶-Griff am Schluss der 1. Strophe vier Mal und den A♭7- und G⁶-Griff am Ende der 2., 3. und 4. Strophe jeweils nur ein Mal.
Achte auf den Anfang vom Nachspiel. Hier lässt du beim ersten Mal den C-Griff weg!

Beim **CD-Beispiel 66** spiele ich dir diese Anschlagtechnik schön langsam vor.
Am Anfang lasse ich die Anschläge jeweils ausklingen. Danach stoppe ich sie ab. Das klingt meiner Meinung nach besser. Hierbei lässt du die gegriffenen Saiten nach dem Anschlag etwas los, so dass sie nicht weiter klingen (s. Rock Gitarre Spezial).
Höre es dir genau an und versuche mitzuspielen.

Noch interessanter klingt es, wenn du folgende Zupftechnik spielst:

Zupftechnik:
(s. Gitarrenbuch 2, Seite 58 und Songbuch 1, Seite 34 und115)

CD 67

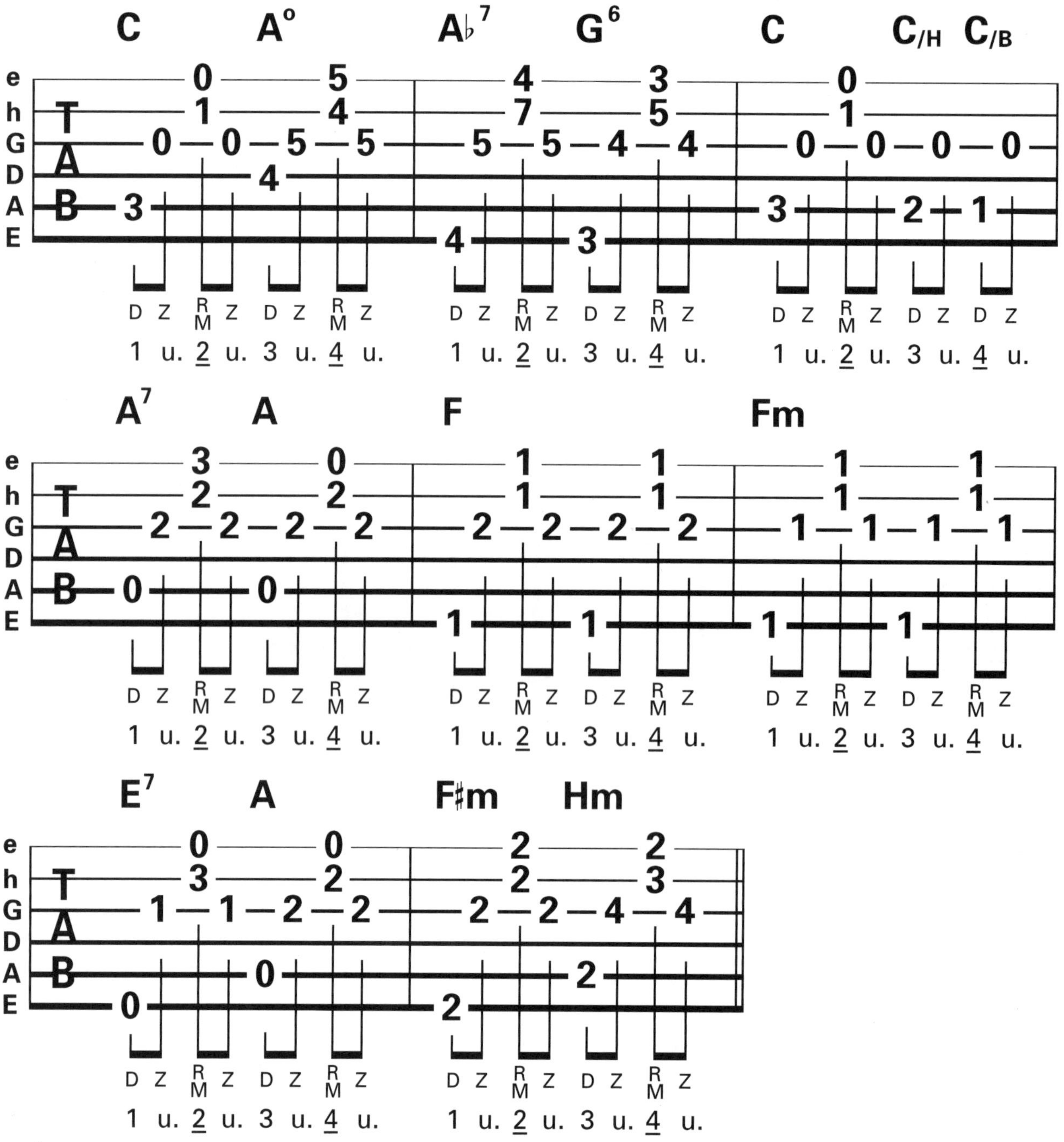

```
        C           A°          A♭7         G6          C           C/H  C/B
e ──────────0───────────5────│──4───────────3────│────────0──────────────────
h ──────────1───────────4────│──7───────────5────│────────1──────────────────
G ──────0───0───5───5────│──5───5───4───4────│────0───0───0───0──
D ───────────────4───────│────────────────────│────────────────────
A ─3────────────────────│────────────────────│─3─────────2───1──
E ───────────────────────│──4───────────3────│──────────────────

  D Z R Z  D Z R Z    D Z R Z  D Z R Z    D Z R Z  D Z D Z
      M          M         M          M         M
  1 u. 2 u. 3 u. 4 u.   1 u. 2 u. 3 u. 4 u.   1 u. 2 u. 3 u. 4 u.
```

```
        A7          A           F                       Fm
e ──────────3───────────0────│──1───────────1────│──1───────────1────
h ──────────2───────────2────│──1───────────1────│──1───────────1────
G ──────2───2───2───2────│──2───2───2───2────│──1───1───1───1──
D ───────────────────────│────────────────────│────────────────────
A ─0─────────0──────────│────────────────────│────────────────────
E ───────────────────────│──1───────────1────│──1───────────1──

  D Z R Z  D Z R Z    D Z R Z  D Z R Z    D Z R Z  D Z R Z
      M          M         M          M         M          M
  1 u. 2 u. 3 u. 4 u.   1 u. 2 u. 3 u. 4 u.   1 u. 2 u. 3 u. 4 u.
```

```
        E7          A           F♯m         Hm
e ──────────0───────────0────│──2───────────2────
h ──────────3───────────2────│──2───────────3────
G ──────1───1───2───2────│──2───2───4───4──
D ───────────────────────│────────────────────
A ───────────────0──────│────────────────2──
E ─0─────────────────────│──2────────────────

  D Z R Z  D Z R Z    D Z R Z  D Z R Z
      M          M         M          M
  1 u. 2 u. 3 u. 4 u.   1 u. 2 u. 3 u. 4 u.
```

Hier zupfst du zuerst mit dem Daumen (D) der rechten Hand die jeweilige Bass-Saite des entsprechenden Griffes. Dann zupfst du mit dem Zeigefinger (Z) die G-Saite und zusammen mit dem Mittel- (M)und Ringfinger (R) die h- und dünne e-Saite. Danach zupfst du mit dem Zeigefinger wieder die G-Saite.

Das wiederholst du bei jedem Griff.

Wenn du jetzt die Saiten, die Du mit dem Mittel- und Ringfinger zusammen zupfst, etwas betonst, dann „swingt" diese Zupftechnik. Deswegen siehst du einen kleinen waagerechten Strich unter den Taktteilen 2 und 4.

Du kannst dir das Greifen einiger Griffe etwas erleichtern, indem du die Finger auf den Saiten weglässt, die du beim Zupfen nicht brauchst! Z. B. beim $A^{\flat 7}$- und G^6-Griff; hier könntest du den Ringfinger (3) der linken Hand weglassen.

Übrigens, bei $C_{/B}$ greifst du mit dem Zeigefinger der linken Hand im 1. Bund der A-Saite. Du spielst also im 3. Takt der Tabulatur einen Bassübergang vom C- zum A^7-Griff.

Diese Zupftechnik habe ich dir beim **CD-Beispiel 67** entsprechend langsam aufgenommen. Hier spiele ich dir auch die erste Strophe und den Refrain vor.

Anfangston beim Singen: A-Saite im 3. Bund greifen (Ton C)

Am Ende der 2., 3. und 4. Strophe spielst du ja den $A^{\flat 7}$- und G^6-Griff nur einmal an. Hier zupfst du alle Saiten gleichzeitig.

 THE MAMAS & THE PAPAS spielen *Dream a little dream of me* mit genau den gleichen Griffen wie du. Falls du die Originalaufnahme hast, kannst du sofort mitspielen.

Im ersten Morgengrauen

Peter Bursch

Musik: Peter Bursch,
Text: Marita Bursch
© Voggenreiter Verlag, Bonn

    A
1. Super cooler Abend, 'ne Flasche aufgemacht,

    Kein Ende gefunden, erzählt und nur gelacht.
    D
    Ein bisschen was geraucht, ja nicht weitersagen,
    A   E   A E^7
    Und dabei vergessen, nach der Uhrzeit zu fragen.

    A
2. Im ersten Morgengrauen, nach Hause gebleiert,

    Ohne fremde Hilfe, den Blick leicht verschleiert.
    D
    Zu früh schrillt der Wecker, noch völlig benommen,
    A   E   A   E^7
    Ich quäle mich hoch, es gibt kein Entkommen,

    A
3. Frierend und klein, auf der Bettkante hocken,

    Ergebnislose Suche, nach dem zweiten Socken.
       D
    Wenn bei jedem Geräusch, Blut in den Adern gefriert,
    A   E   A
    Wird für ein bisschen Spaß, die Rechnung präsentiert,

    D
R. Ich reiß mich zusammen, wie tief bin ich gesunken,
     A
    Garantiert zum letzten Mal, hab ich was getrunken.
    D
    Was für ein Morgen, wenn er so übel graut,
     E
    Der Tag ist mal wieder, erfolgreich versaut,

      A

4. Bloß keine Sonne, sie trifft wie der Blitz,

    Das liegt garantiert, am letzten Slibowitz.

          D

    Der Blick in den Spiegel, ist schwer zu ertragen,

        A   **E**   **A**   **E**^{7}

    Er schlägt mir dazu, noch auf den Magen,

        A

5. Aspirin und schwarzer Kaffee, haben nichts genützt,

    den dröhnenden Kopf, auf die Hände gestützt.

    D

    Ja nicht laut reden, das verursacht Beschwerden,

        A   **E**   **A**

    Der Tag verspricht, richtig gut zu werden,

        D

R. Ich reiß mich zusammen, wie tief bin ich gesunken,

           A

    Garantiert zum letzten Mal, hab ich was getrunken.

    D

    Was für ein Morgen, wenn er so übel graut,

        E

    Der Tag ist mal wieder, erfolgreich versaut,

        E   **D**   **A** **E**^{7} **A**^{7}

    Der Tag ist mal wieder, erfolgreich versaut.

Griffe:

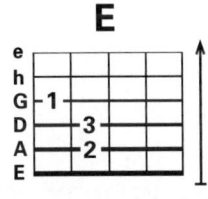

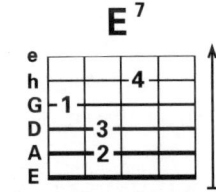

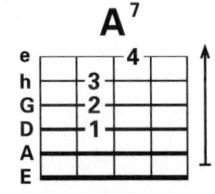

Anschlagtechnik:

CD 68

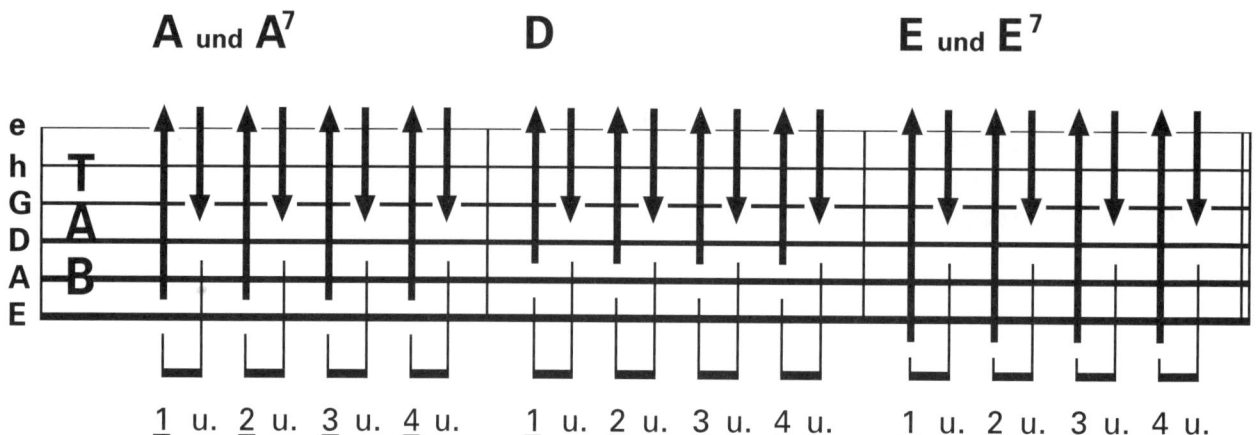

Achte auf die Betonung (_). Du schlägst dabei die Anschläge bei den Zählzeiten 1, 2, 3, und 4 etwas kräftiger an. Dadurch „swingt" die Begleitung.
Höre es dir beim **CD-Beispiel 68** genau an und versuche dabei mitzuspielen.

Noch besser klingt dieser Song mit folgender

Rock'n'Roll-Technik
(s. Gitarrenbuch 2)

CD 69

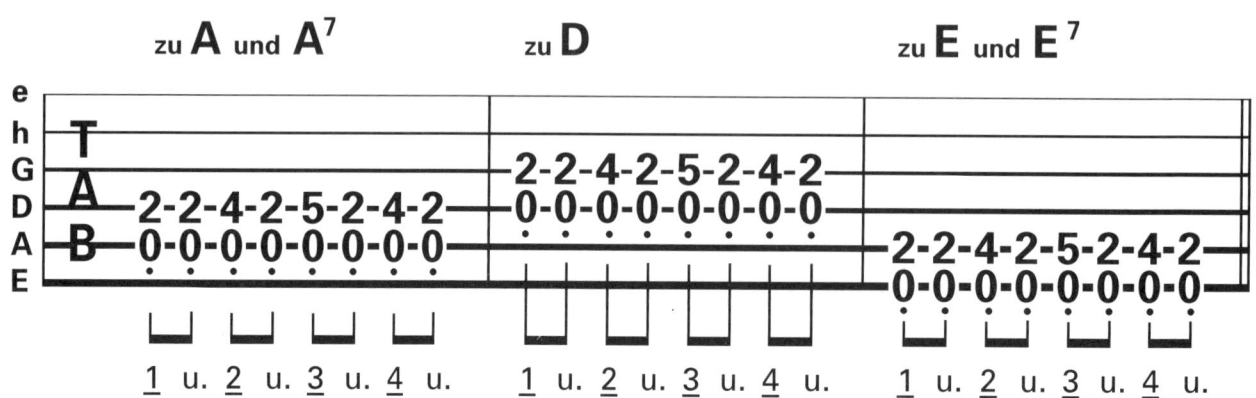

Du greifst beim A-Griff mit dem Zeigefinger der linken Hand in den 2. Bund der D-Saite. Die schlägst du zusammen mit der leeren A-Saite gleichzeitig zweimal an. Dann greifst du mit dem Ringfinger der linken Hand in den 4. Bund der D-Saite und schlägst sie wieder zusammen mit der A-Saite an. Danach greifst du wieder in den 2. Bund der D-Saite und dann, mit dem kleinen Finger der linken Hand, in den 5. Bund der D-Saite usw.
Betone wieder die Anschläge bei den Zählzeiten. Bei den anderen Griffen verschiebst du alles nur um eine Saite nach unten oder nach oben!

Dämpfe dabei die anzuschlagenden Saiten mit dem Handballen der rechten Hand am Steg ab (s. Gitarrenbuch 2 Seite 81 oder Rock Gitarre Seite 31).
Ich habe dir diese Rock'n'Roll-Technik beim **CD-Beispiel 69** schön langsam aufgenommen. Hier hörst du auch die Gesangsmelodie.

Anfangston beim Singen: A-Saite im 4. Bund greifen (Ton C#).

Wie du beim **CD-Beispiel 69** hören kannst, schlage ich den E-Griff in der Strophe nur einmal an und stoppe ihn dann sofort ab. Beim darauf folgenden A-Griff spiele ich nun einen sogenannten Übergang und der geht so:

Übergang:

CD 70

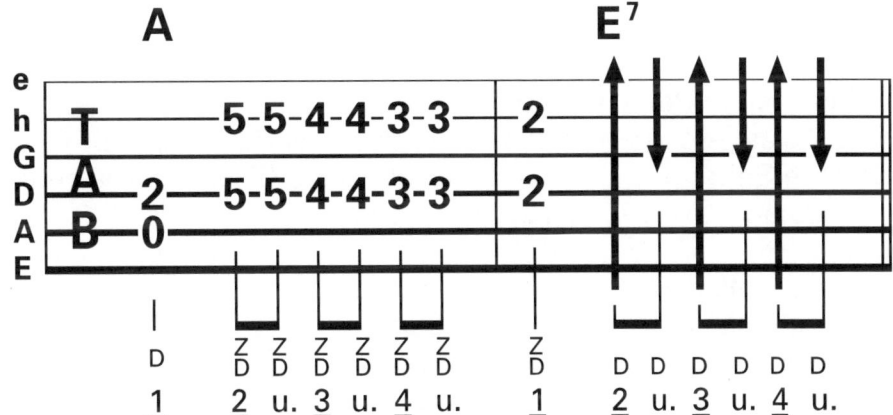

Du schlägst beim A-Griff wieder nur die A- und D-Saite an. Dann greifst du mit dem Mittel- und Ringfinger die h- und D-Saite im 5. Bund. Diese zupfst du gleichzeitig mit dem Daumen und dem Zeigefinger der rechten Hand zweimal an. Achte wieder auf die Betonung. Das Gleiche machst du dann im 4. und 3. Bund.
Im nächsten Takt zupfst du diese beiden Saiten im 2. Bund an, allerdings nur einmal. Dann spielst du den E7-Griff.

Du kannst dir diesen Übergang beim **CD-Beispiel 70** genau anhören und mitspielen.

Übe den Übergang so lange, bis du ihn auswendig spielen kannst. Erst dann solltest du ihn am Ende der Strophen und des letzten Refrains einbauen. Viel Spaß mit:
Im ersten Morgengrauen!

Hinweise zu den Spieltechniken

Ich habe dir in diesem Buch alle Spieltechniken so aufgeschrieben, dass du direkt mitspielen kannst. Hier ein Beispiel:
Im folgenden **Griffbild** siehst du den **A-Griff**:

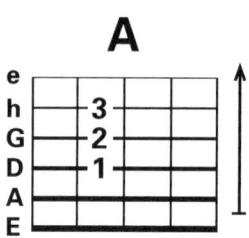

Hier siehst du links neben den Linien die Bezeichnungen der einzelnen Saiten (E, A, D, G, h, e). Die sechs waagerechten Linien sind die sechs Saiten deiner Gitarre. Oben ist die dünnste Saite (e-Saite) und unten die dickste Saite (E-Saite). Die senkrechten Linien sind die Bundstäbchen. Die Zwischenräume nennt man Bünde.

In diesen Bünden sollst du mit den Fingern der linken Hand auf die entsprechenden Saiten drücken (als Linkshänder mit der rechten Hand). Die Zahlen zeigen dir, in welchem Bund du mit welchem Finger greifen musst.

1 = Zeigefinger
2 = Mittelfinger
3 = Ringfinger
4 = kleiner Finger

TIPP: Halte dein Buch mit der oberen Kante etwas schräg nach unten geneigt. Dann sieht das Griffbild genau so aus wie das Griffbrett auf deiner Gitarre. Du siehst jetzt sofort, ob du richtig gegriffen hast.

Rechts neben dem Griffbild siehst du einen **senkrechten Pfeil**. Der zeigt dir genau an, welche Saiten du anschlagen sollst. Hier schlägst du also die fünf dünnsten Saiten an. Die dicke E-Saite wird nicht angeschlagen.
Das ist wichtig, wenn du das entsprechende Lied mit einer **Anschlagtechnik** spielen willst. Du musst nämlich genau wissen, welche Saiten du bei welchem Griff anschlagen sollst. Das erkennst du nicht nur durch den Pfeil neben den Griffbildern, sondern auch durch folgende Zeichnung:

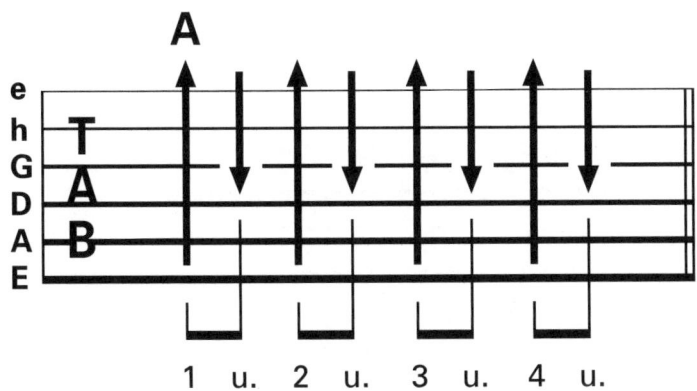

Die waagerechten Linien sind die Saiten. Die Bezeichnungen stehen wieder links daneben.

Die Pfeile bedeuten, welche Saiten Du in welcher Richtung anschlagen sollst.

Über den sechs Linien stehen die Griffbezeichnungen (in diesem Fall ein A).

Unter den sechs Linien siehst du die Rhythmusangaben (1 u. 2 u. 3 u. 4 u.).

Du schlägst bei den **Zahlen** die Saiten von den dicken zu den dünnen hin an; bei den **u.** die Saiten von den dünnen zu den dicken hin an. Das machst Du rhythmisch alles gleichmäßig hintereinander.

Diese Schreibweise nennt man **Tabulatur** (TAB). Mit dieser Tabulatur kann ich dir jede Gitarren-Spieltechnik so aufschreiben, dass du sofort mitspielen kannst.

Wenn ein **D** auf einer Saite steht, dann heißt das:

Du zupfst mit dem Daumen (D) der rechten Hand die entsprechende Saite auf der das D steht. So etwas nennt man: **Bassbegleitung.**

Genau so zupfst du bei den entsprechenden Liedern mit Z, M und R die dazugehörigen Saiten. In diesem Fall bedeutet Z = Zeigefinger, M = Mittelfinger und R = Ringfinger der rechten Hand. So etwas nennt man: **Zupftechnik.**

Du kannst dir jede Spieltechnik auf der beiliegenden CD genau anhören und, da ich dir alles so langsam wie möglich aufgenommen habe, sofort mitspielen.

Hinweise zur Kapodastertabelle

Falls dir beim Singen manche Lieder zu tief sind, dann benutze einen **Kapodaster**. Mit dem Kapodaster veränderst du die Grundtonhöhe deiner Gitarre. Er wird in irgendeinem Bund so festgeklemmt, dass alle Saiten sauber klingen.

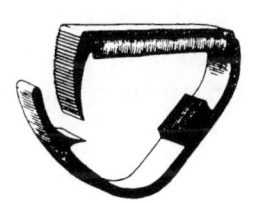

Wenn du ihn z. B. im 5. Bund befestigst, dann ist deine Gitarre um fünf Bünde höher gestimmt. Der 6. Bund ist dann dein neuer 1. Bund, der 7. Bund dein neuer 2. Bund usw.

Spiele jetzt z. B. *That's all right*. Wenn du dazu singst, dann klingt alles etwas höher. Der A-Griff klingt jetzt wie ein D, der D^7-Griff wie ein G^7 und der E-Griff wie ein A. Das kannst du aus der folgenden Tabelle entnehmen.

Kapodaster-Tabelle

Bünde	C	D	E	F	G	A	H	C
1.	C#/Db	D#/Eb	F	F#/Gb	G#/Ab	B	C	C#/Db
2.	D	E	F#/Gb	G	A	H	C#/Db	D
3.	D#/Eb	F	G	G#/Ab	B	C	D	D#/Eb
4.	E	F#/Gb	G#/Ab	A	H	C#/Db	D#/Eb	E
5.	F	G	A	B	C	D	E	F
6.	F#/Gb	G#/Ab	B	H	C#/Db	D#/Eb	F	F#/Gb
7.	G	A	H	C	D	E	F#/Gb	G
8.	G#/Ab	B	C	C#/Db	D#/Eb	F	G	G#/Ab
9.	A	H	C#/Db	D	E	F#/Gb	G#/Ab	A
10.	B	C	D	D#/Eb	F	G	A	B
11.	H	C#/Db	D#/Eb	E	F#/Gb	G#/Ab	B	H
12.	C	D	E	F	G	A	H	C

Suche dir in der obersten Reihe das A und gehe 5 Reihen tiefer. Da steht ein D. Also, aus dem A-Griff wird in Wirklichkeit ein klingendes D.

Jetzt suchst du dir in der obersten Reihe das D und gehst noch mal 5 Reihen tiefer. Da findest du ein G. Also, aus dem D-Griff wird ein klingendes G usw.

Das gilt für alle Griffarten, wie z. B. alle Moll-Griffe, 7er-Griffe usw.

Die neuen Griffbezeichnungen sind nur dann wichtig, wenn du mit anderen zusammen spielst. Sonst musst du nur den richtigen Bund für deinen Kapodaster finden, um in der dir angenehmsten Tonlage singen zu können. Das musst du einfach mehrmals ausprobieren. Viel Spaß dabei!

CD-Verzeichnis

Hinweise zur CD

Ich habe dir hier alle Tonbeispiele so aufgenommen, dass du dir z. B. bei den Songbeispielen mit dem Balanceregler deiner Stereoanlage den Gesang oder die Gitarre leiser drehen kannst. Das Gleiche gilt auch für die Instrumentalbeispiele mit der Solo- und Begleitgitarre. Falls dein CD-Player die Möglichkeit hat, bestimmte Passagen automatisch zu wiederholen (z. B. Repeat-Funktion), dann programmiere den Anfang und das Ende des jeweiligen Tonbeispiels oder eines Ausschnittes ein. So hast du es viel leichter, bestimmte Melodien oder Spieltechniken zu üben und dabei mitzuspielen. Am Schluss der CD findest du noch Hinweise zu meinen anderen Büchern im Voggenreiter Verlag. Die Aufnahmen für diese CD habe ich mit meiner Martin Gitarre mit Elexir Saiten gemacht!
Bitte beachte auch die Hinweise zur CD auf S.2.